群馬県の名字

森岡　浩

上毛新聞社

刊行にあたって

二〇一七年四月から、ＮＨＫで「日本人のおなまえっ！」というテレビ番組が始まった。これまでも名字を取り扱ったテレビ番組はいくつかあったが、それらは特番や番組の一コーナーにすぎず、レギュラー番組のメインテーマとして「名字」にスポットを当てたのはおそらく初めてだろう。しかも、司会には古舘伊知郎氏を迎え、七時のニュースに続いてゴールデンタイムに放送という力の入れようである。平日の七時半ではまだ家に帰りついていないという人も多いにもかかわらず、視聴率も高い数字をキープしているらしく、民放でも名字を取り上げたり、雑誌で特集が組まれるなど、広がりを見せつつある。

全国放送で名字を扱うと、全国的に多い名字や非常に珍しい名字にスポットをあてることが多い。もちろんそれは面白いのだが、住んでいる地方によっては、その内容がピンとこないこともある。なぜなら、その地方に多い名字と、全国に多い名字は必ずしも一致しないからだ。たとえば、東日本では佐藤と鈴木が多いので全国ランキングをみても納得するが、関西では山本と田中が多く、全国最多を争う佐藤と鈴木と言われても、違和感を覚えてしまう。

実際、都道府県別に名字ランキングを作成すると、その地方独特の名字が上位に入ってくることが多い。関東地方には戦後全国から多くの人が移り住んで来ているため、どの県も似たようなランキングになっているが、その中で比較的都心から遠い群馬県では、唯一トップが鈴木ではなく高橋であるなど、やや独特のランキングになっている。また、関東の中では最も古代から栄えた地域で、上毛野（かみつけぬ）氏や車持（くるまもち）氏などの有力豪族がいたこともわかっており、「名字」とは若干外れてしまうが、こうした歴史的な一族についても本書で取り上げた。

なお、とくに断りのない限り、本書では新旧字体は同じものとしている。これは新旧字体によるルーツの違いはない上、戸籍上は旧字だが日常生活では新字という人も多いことから、両方合わせたほうが実態に即しているからだ。

一方、同じ漢字でも読み方が違う場合は別の名字とした。インターネット上にはたくさんの名字ランキングがあるが、それらは電話帳を収録したCD－ROMなどを機械的にカウントしたもので、単純に漢字の違いだけで判断している。しかし、単純に東の方角を指す東(ひがし)と、東日本全体を指す東(あずま)は同じ漢字でも由来が違う。一方、戸籍上は「ひがし」だが日常生活では「あずま」(あるいはその逆)というのは考えづらく、東(ひがし)と東(あずま)は別の名字とした方がよい。

同じように、菅野(すがの、かんの)、河野(かわの、こうの)、上村(うえむら、かみむら)などはすべて別の名字としている。群馬県に集中している「茂木」も、「もぎ」と「もてぎ」で別の名字としてカウントした。ただし、山崎(やまさき、やまざき)のように、濁る濁らないの違いだけの場合は同じ名字とした。

日本の名字は世界的にみても極めて数が多くかなり独特である。もちろんそれには理由があり、決して今から百数十年ほど前の先祖が戸籍に登録する際に適当に決めたわけではない。

それぞれの名字には先祖によって込められた思いがあり、私たちは親から子へその思いを代々伝えていきたい。

もくじ

【凡例】

・本書に収録した名字は、次のような差異があっても、すべて同じものとしました。
　旧字体を使った名字（例「渡辺」と「渡邊」）
　異字体を使った名字（例「渡辺」と「渡邉」）
　読み方で清濁の違いがある名字（例「やまざき」と「やまさき」）
・名字のルーツには諸説があり、本書で紹介したのはその一部です。
・本書に紹介した人名は新字表記としたため、実際とは異なる場合があります。また、肩書などは平成29年8月執筆時点によるもので、敬称は省略しました。
・本書で記載した地名は一般的な表記とし、平成合併以前の市町村名には旧を付けました。

序章　名字とは何か

名字とは何か

日本人は誰でも名字と名前を一つずつ持っている。筆名や旧姓が別にある、という人もいるだろうが、戸籍名は名字も名前も一つずつのはずだ。当たり前と思うかもしれないが、実は世界的にみれば当たり前ではない。欧米ではミドルネームという二つ目の名前を持つ人が多く、米国のトランプ大統領も正式には「ドナルド・ジョン・トランプ」で「ジョン」というミドルネームが入る。また結婚すると両者の名字をつなげた複合姓を名乗ることもある。ラテン系の国では両親の名字をつなげて名乗る国も多い。

一方、東南アジアには名字を使わない国もある。ミャンマーのアウン・サン・スー・チー氏の場合、新聞などでは「スー・チー」を名字のように扱っていることがあるが、実は「アウン」「サン」「スー」「チー」いずれも名前。ミャンマーには「名字」は存在しない。中国文化圏を除くアジア諸国では、名字を持たない国が多かった。しかし、二〇世紀初頭にイギリスに留学した新国王がイギリスに習って名字制度を導入したタイをはじめ、近年ではモンゴルなどでも名字を制度として取り入れ、名字のない国は減りつつある。なお、アラブ世界では、正式名は部族名や祖父・父の名前に自分の名前を組み合わせた長いもので、日常的にはその一部のみを名乗っており、ここにはもはや名字という概念すらない。

現在、「名字」と同じような言葉に「姓」や「氏」というものがある。これらはほぼ同じ意味に使われており、専門家を除いてこれらを区別する人はほとんどいない。

しかし、「名字」と「姓」や「氏」は本来全く別のものであった。近世以前においてはこれらははっきりと区別されており、公家や武士達は、自らの出自を示すと「姓」と、自分たちの一族を指す「名字」の両方を持っていた。

実は古代に使用されていたのは「氏」であった。教科書に登場した蘇我馬子や物部守屋、大伴金村、小野妹子らの「蘇我」「物部」「大伴」「小野」は「氏」である。やがてこれらの「氏」は天皇家の分家であることを示す「源」「平」「橘」「清原」「在原」などの「姓」に統合された。

やがて、こうした「姓」とは別に、平安時代中頃からは自分の意志でつけた「名字」が使われるようになった。そして、日常的には「名字」を使用し、公的には「姓」を使うことで区別した。次第に、日常利用しない「姓」は失った家も増えてくる。とくに戦国時代に実力で成り上がった武士たちには公的な場所は無縁で、「姓」を使う機会はなかった。しかし、戦国時代を勝ちぬいて江戸時代に突入すると、「姓」を使用する場面にも遭遇することになる。たとえば、幕府の編纂した大名や幕臣の系譜集『寛政重修諸家譜』は「名字」ではなく、「姓」で配列してある。公式の場では「姓」と「名字」を使い分けるのが基本であったため、「姓」がわからない家では、適当な「姓」をでっちあげて名乗るということも多かった。

県内の武家でいえば、安中藩主板倉家と沼田藩主土岐家の源姓は間違いないが、前橋藩主松平家の源姓、七日市藩主前田家の菅原姓などは本当のところはわからない。

一般庶民がこうした名字を持ったのは、明治以降と思っている人が多い。明治のはじめ、突然名字をつけることになり、困った農民がお坊さんや庄屋に名字をつけてもらうよう依頼した。当初はきちんと考えていたお坊さんも、やがて名字の種類に行き詰まり野菜や魚の名前を名字にした、という話を聞いたことがあるかもしれない。しかし、これは笑い話の類いである。

教科書をみると「江戸時代は武士しか名字を名乗ることは許されなかった」とある。もちろん、これは間違いではない。なぜなら、「許されなかった」のであって、「なかった」とはどこにも書いていないからだ。

江戸時代の武士の割合は、人口のわずか一割程度。残りの九割の人達に名字がなかったと本気で考えている研究者はいない。なぜなら、現在では、農民や商人の名字を書いている資料は多数見つかっているからだ。

わかりやすい例で言えば、江戸時代中期を代表する俳人小林一茶は信濃の農家の出である。晩年には帰郷して小林家を継いでいる。つまり農家でも「小林」という名字を持っていたのだ。彼らは公の場では「名乗ることができなかった」ので、幕府や藩などの公式文書では名字は記載されないが、私的な文書などでは名字が記されている。最も古い例では和歌山県粉川の王子社では室町時代の農民の名字が記載された資料が残されており、室町時代すでに農民が名字を使用していたことがわかっている。

『高崎市史　資料編一三』の「墓石編」には、高崎市内の各寺院の墓石を調査した結果が掲載されている。それによると、江戸中期の享保年間以降墓石への名字記載が増え、江戸後期の寛政年間になると町人の墓石のほとんどに名字が書かれている、とある。つまり江戸時代は武士でなくとも名字を持ち、後期には墓石などで公称することすら一般化していたことがわかる。

明治の初め、近代国家への脱皮を目指した明治政府は、欧米にならって戸籍制度を創設、ここに全国民を登録させた。その際、「姓」を登録するか「名字」を登録するかで混乱しないよう、新たに「氏」という概念を導入して、ここに「姓」でも「名字」でも一つだけ登録させ、以後変更することを禁止したのだ。

大多数の人は日常使う「名字」を戸籍に登録し、一部の人は「姓」を登録した。なかには、あえて「姓」でも「名字」でもないものを登録した人たちもいる。これがいわゆる〝明治新姓〟である。

しかし、基本的には「氏」として登録されたものの多くは、先祖代々伝えられ、江戸時代には公称を禁止されていた「名字」なのだ。「名字」とは明治の初めに私たちの先祖が適当につけたものではなく、自らの一族の来歴が込められている、といっても過言ではない。名字のルーツをさぐることによって、先祖がいつどこで、どういう暮らしをしていたかが見えてくることもある。

名字の種類

現在、日本には十万を超える多くの名字がある。この「名字」には、どういう種類があるだろうか。大きく分けると、古代から続く「姓」を使用しているものと、平安時代以降に生まれた「名字」を使用しているものの二つに分けることができる。さらに、「名字」には八つのパターンがあり、合わせて九つに分類することができる。

ａ）姓を使用しているもの

「姓」とは、その氏族の出自（ルーツ）を示すものである。

古代の日本は大王家（天皇家）を中心とした氏族連合政権で、氏族によって担当する職業が違っていた。そこで、天皇は各氏族に「氏（うじ）」を与えて名乗らせることで各氏族を区別した。たとえば、物部氏は饒速日命（ニギハヤヒノミコト）の子孫で河内国を本拠とし、軍事や刑罰を担当する、といった具合である。この「氏」は各氏族のリーダーだけではなく、その構成員全員が名乗っていた。従って氏を聞くことで、それぞれの人がどこの出身でどういうルーツの一族に属しているかがわかった。

やがて、大王家が天皇家となって中央集権国家が誕生すると、天皇家は各氏族の上に立つ存在となった。天皇家の分家は天皇から「姓」を与えられて臣下となり、「氏」を持つ各氏族と同レベルに立った。そのため、「氏」と「姓」は統合されて「姓」となっていく。

有名なのは「源平藤橘」といわれる四つの姓。このうち、源・平・橘は天皇家の分家、藤原は中臣氏の分家であるなど、「姓」からそのルーツが特定できる。

この他にも近畿地方の古代豪族の末裔である蘇我、物部、大伴、佐伯、中臣、菅原、大江、紀、安倍、久米、土師(はじ)、天皇家の分家である清原、小野、在原、春日、高階、日下部や、渡来人を先祖とする秦、大蔵、坂上、丹波、狛などがある。もちろん地方豪族も独自の姓を持っていた。越智(伊予国)、出雲、吉備、尾張などが有名で、県内には上毛野(かみつけぬ)や車持(くるまもち)があった。

「姓」は公的なものであり、公式の場では「姓」を使用した。また、新しい「姓」を勝手に名乗ることはできず、親から子へ代々受け継いでいく。変更する際には天皇の許可が必要で、菅原や大江は土師氏の一族が天皇の許可を得て変えたものである。

b）名字を使用しているもの

名字は、公的に与えられた姓とは違って、自らの意思で名乗った私的なものである。かつては多数あった姓も、次第にマイナーな氏族は淘汰されていった。とくに朝廷の中では藤原氏が圧倒的多数を占めたことから、区別のために邸宅のあった場所やお寺の名前などを家号(かごう)として使用するようになった。この家号が固定化することで名字が生まれた。

一方、ほぼ同時期に誕生した武士たちも、自らの支配する土地を明確にするため、地名を「名字」として名乗ることが多かった。こうして公家・武家の世界で生まれた名字は広く使われるようになり、日常生活では名字を使うことが基本となった。

この習慣は、室町時代には広く農民層にまで浸透していたとみられる。また、戦国時代後期から関ヶ原合戦にかけて、戦いに敗れた大名の家臣たちの多くは、武士をやめて農民となった。これを帰農という。もともと武士だったため彼らは名字を持っており、こうして新たに農民となった彼らも当然名字を持っていた。つまり、江戸時代の農民たちの多くは、代々続く名字を伝えていた。

(1)地名に由来する名字

名字の中で一番多いのは地名を由来とするものである。

平安後期以降誕生した武士たちは、自分の支配している土地を明確にするために、支配地の地名を名字として使用した。兄弟が数多くいる場合は、惣領(長男とは限らない)が父の名字を継ぎ、他の兄弟たちは、周辺を新たに開墾してその土地を名字として名乗った。そのため、親子兄弟で名字が違うことは珍しくはなく、この時期に各地の地名をルーツとする名字が大量に生まれた。

武士に限らず庶民でも、家と家を区別するためには地名を利用するのが一番簡単なため、地名をルーツとするものは名字のなかでも最も多い。

地名由来の名字はルーツを探りやすいが、同じ地名が全国に複数あることも珍しくなく注意が必要。また、名字のルーツとなった地名は、今の市町村名ではなく、もっと小さな地名、大字程度のものが多い。さらに、佐々木や渡辺のようにルーツとなった地名が今では消滅してしまっていることもある。

県内の地名をルーツとする名字には、赤堀、安中、板倉、岩松、大胡、小此木、小幡、桐生、後閑、渋川、長野、新田、沼田、堀口、山名、脇屋などがある。

(2)地形や土地の様子に由来する名字

名字の基本は、家と家を区別することである。地名を名字とすることでとりあえず解決できるが、開墾が進んで人口が増えてくると、同じ地名の中にある家の数が増える。そうすると地名だけでは各家の区別をすることが難しくなってくる。この場合、地名を名乗ることができるのは、その土地の支配者とその一族だけで、残りの家は別の名字を名乗る必要が生じてくる。

もはや地名は使えないため、家のある土地の様子や地形などを名字とした。こうした名字では、「田」「山」「森」「林」「岡」「川」「沢」「泉」「原」「野」「畑」といった漢字を使うことが多い。とくに山が多く、平地は可能な限り水田としたことから、「山」や「田」のついた名字が多い。

家を区別するためには木も有効だった。今と違って昔の家は平屋で、木は遠くからの目印となる。当時は山の麓に住むことが多く、家の近くにある木で家を特定することができた。名字に使われるのは、当時普通にみられた「松」や「杉」、「桜」「竹」「梅」などが多い。

こうした自然物だけではなく、「橋」「寺」「宮」「城」「堀」といった建造物が利用されることも多い。これらの目立つ建造物との関係で自分の家を特定することができたからだ。

なお、地名のルーツは地形であることが多く、地形由来の名字と地名由来の名字を厳密に区別することは難しい。小川の流れているところは「小川」という地名となり、そこに住んだ一族も小川と名乗った。この小川一族のルーツが地名なのか地形なのかの判断は難しい。

地形由来の名字は、特定のルーツを探すのが困難なことが多い。というのも、同じ地形の土地からは同じ名字が生まれるからだ。たとえば、田中さんや山下さんのルーツは日本全国に無数にあるといってもよい。

（3）方位に由来するもの

地形以外でよく使用されるのが、方位に由来するものである。

方位由来の名字は、中心となる家や集落からみて、どちらの方角にあるかで特定するもので、「東」「西」「南」「北」だけでなく、「右左」「上下」「前後」「内奥外」「近遠」「脇横」なども使われる。さらに、東南を意味する「巽」や、西北の「乾」などもある。

このうち、「右左」は名字では少ない。というのも、「右左」は見る人の位置で場所が入れ替わるからだ。また「上下」はその場所の標高差だけではない。「山上・山下」や「坂上・坂下」はあきらかに山や坂の上と下という標高の差だが、「川上・川下」は標高差よりも上流・下流という意味が強い。道の場合も、中心地に向かう方を「上」、反対側を「下」といい、これは標高とは関係していない。この他、「宮下」は神社の下という意味の他に、神社を支える氏子という意味も併せ持っている。

こうした方位・方角を表す言葉に、「山」「川」「田」などの地形を組み合わせることで、数多くの名字が生まれた。

（4）職業に由来するもの

現在は職業選択の自由があり、親の職業を子が継ぐとは限らない。しかし、江戸時代以前は職業は世襲によるものが多かった。そのため、職業を示すことで家を特定することができた。

古くは、公的な職業が名字となった。古代では動物を飼っていた犬飼、鳥飼、鵜飼、猪飼や、戸籍を担当していた戸部(こべ)に由来する戸部(とべ)、財務を管理する大蔵に仕えた大蔵など、中世では荘園の管理をする「しょうじ」(庄司・庄子・東海林)や、その下で実際に年貢を徴収した公文(くもん)、下司(げし)、税所(さいしょ)などがそうだ。

近世以降、貨幣経済が発展してくると、商業関連の名字が増えてくる。「○○屋」というものがそうで、ここには地名を入れたもの(伊勢屋・越後屋など)と、商品を入れたもの(鍋屋・魚屋など)がある。

これらの屋号による名字は、明治時代に戸籍に登録する際、「そのまま登録したもの」「屋をとったもの」「屋を谷に変えたもの」の三通りに分かれた。

旧宮城村を中心に前橋市に集中している北爪という名字は、もともと御所の北側に詰めていたため北詰を名字とし、のちに北爪に変化したという。現在の北爪という漢字からは想像できないが、これも職業由来の名字の一つといえる。

(5)下の藤のつく名字

名字の全国ランキングの上位をみると、下に「藤」という漢字のつくものがいくつかある。群馬県でも佐藤、斎藤、加藤、須藤、伊藤、斉藤とベスト一〇〇に六つ入っている。これらは、基本的に藤原氏の末裔であることが多い。

平安時代、藤原氏は朝廷の要職を独占した。そのため、朝廷では藤原姓ばかりとなり区別をするために家号を採用した。公家は邸宅やお寺のある都の地名などを使用したが、中級以下の官僚達は使用できる地名がなく、地名とは別の名字を使用した。しかし、名家藤原氏の一族であることを示すために、領地のある場所や職業の一部と、「藤原」の「藤」を組み合わせて名字としたのだ。藤原氏は「藤（とう）」家と呼ばれたことから、「〜とう（どう）」という名字は藤原一族の末裔であることが多い。

（6）拝領した名字

名字には、自らの意思でつけたもののほかに、主君などから拝領した名字というものがある。

戦国時代の武士は合戦で手柄をたてると、褒美として新しい領地を与えられた。しかし、戦国時代後期以降になると、与えることのできる新しい領地は少なくなってくる。桃山時代以降は土地ではなく禄高を加増したが、こうした領地や石高は、子孫まで代々与え続けなければならないので、そう簡単には与えることはできなかった。そこで、そのかわりに褒美として利用されたのが名字である。

合戦での活躍に対して与えられた無敵や、蓄財をほめた際に与えた善財など、いろいろなパターンがある。なかでも徳川家康は、武田信玄に敗れて敗走中にお粥（かゆ）を振る舞ってくれた家に小粥、夜に川を渡る際に松明で照らしてくれた村民に昼間という名字を与えるなど、いくつもの名字を作り出している。

主君が家臣に対して、自分と同じ名字を与えるということも多かった。これは「一族として扱う」という名誉的なもので、家臣はありがたく拝領した。将軍家は島津家や山内家、浅野家など外様の有力大名に松平の称号を与えて懐柔した。そして、山内家は家老の安東家や伊賀家に山内という名字を、浅野家は家老の堀田家や関家に浅野の名字を与えた。

こうして、上は将軍家から下は一介の武士まで、かなり広い範囲で行われていた。もらった側はありがたく頂戴してそのままずっと名字を変えてしまった家もあれば、明治になると元の名字に戻した家もある。名字を与えるのは殿様とは限らない。石川県加賀市にある一筆という名字は、先祖が近江国に米つきの出稼ぎに行って主人から貰ったものと伝えるなど、商家でも行われていた。

(7)僧侶の名字

江戸時代、武士以外も名字を持っていたが、すべての人に名字があったわけではない。その代表が僧侶である。僧侶は正式に名字を持たない人たちであった。彼らは出家する際に俗世間から離れるためにあえて名字を捨てたのだ。

ところが、明治政府は僧侶にも名字を持つことを義務づけた。僧侶はどちらかというと上流階級の出身者が多く、元々は由緒ある名字を名乗っていた人が多かった。しかし、彼らは出家前の名字を登録するのではなく、あえて僧侶であることを示すように、経典や仏教用語から新しい名字を登録することが多かった。お釈迦様に由来する釈が有名だが、漢字や読み方が難解なものも多い。

(8)その他

ここまで名字を七通りに区別してきたが、このどれにも属さないものもある。たとえば、独特のいわれを持つものなどがそうだ。名字は自らつけることができたため、中には自分だけの特別な名字を作りだした人達もいた。珍しい名字というのは、こうした作り出したものが多い。藤岡市にある城聞(じょうぎく)家は、本来は新井という名字だったが、しばしば家の近くの城跡について聞かれるために、戸籍に登録する際に城聞に改めたという。

館林市にある旧家の大朏家も、もとは大月を称して佐野氏に仕えていたが、分家した際に「大月から出る」という意味で「大朏」に改めたと伝える。

こうした名字では、その由来はその家だけに伝わるものであるため、どこかで伝承が途切れると、由来が分からなくなってしまう。

また、近年では外国人が帰化した際に、母国の名字をもとにした名字をつけることも多い。これらもどこにも分類することはできない。

第一章　群馬県の名字の特徴

群馬県の名字ランキング

群馬県の名字ランキングは高橋が最多。高橋は全国第三位の名字だが、都道府県単位で最多となっているのは群馬県と愛媛県のみと少ない。二位には長野県で最多の小林、三位は東北に圧倒的に多い佐藤と続き、群馬県の地理的状況を反映しているといえる。

そして、四位に新井が入るのが群馬県最大の特徴だろう。新井の全国順位は九九位にすぎず、群馬県から埼玉県北部にかけてが新井さんの一大集中地域となっている。六位の清水も群馬県・長野県・山梨県の県境付近に多い。一〇位には中島が入る。全国に広く分布している名字だが、ベストテンに入っているのは群馬県と佐賀県(五位)のみ。

こうしてみると、群馬県は関東の中ではやや変わった名字分布といえる。これは、関東地方の中では最も東京の通勤圏から離れているからだろう。もちろん、新幹線を利用することで、高崎や安中榛名あたりも東京に通勤することはできるが、他の県と比べるとベッドタウン化している地域は極めて少ない。神奈川県や埼玉県南部、千葉県西部ではもとから住んでいた人よりも、後から移り住んできた人の方が圧倒的に多く、名字をみても特徴は乏しい。そうした中、群馬県は県本来の特徴が大きく残っているといえる。また、県内に古墳が多いことでもわかるように、古代豪族が栄えていた地でもあり、古くからの由緒を持つ一族も多い。

ベストテン以外では、一三位に萩原が入っているのが目を引く。萩原は東日本では「はぎわら」が多く、西にいくつにつれて「はぎはら」が増える。ただし、例外的に山梨県ではほぼ「はぎはら」。群馬県では逆にほぼ「はぎわら」である。

この他、二四位飯塚と三三位栗原も群馬県に多い名字だが、なんといっても特徴的なのは四〇位と四一位に並んでいる茂木だろう。茂木のルーツは栃木県の茂木。この地名は「もてぎ」と読むことから、栃木県では「もてぎ」と読むことが多いが、難読のためルーツから離れるに従って、漢字本来の読み方に近い「もぎ」が増えてくる。県内では「もぎ」と「もてぎ」はほぼ同じで、やや多い「もてぎ」が四〇位、少ない「もぎ」が四一位である。なお、本書では濁点のありなしは同じ名字としてカウントしているため、四〇位の「もてぎ」には「もてき」が、四一位の「もぎ」には「もき」が含まれている。

四四位の角田も読み方が分かれる。「つのだ」を筆頭に「かくだ」「かどた」「すみだ」などがあるが、県内ではほぼ「つのだ」。県単位で四四位というのも角田の全国最高順位である。これ以下では、八〇位富沢、八七位塚越、八九位須永、九〇位堀越が群馬県独特。

一〇〇位以下では一〇一位と一〇八位に「こぐれ」が入る。一〇一位は「小暮」で、一〇八位が「木暮」。なお、「木暮」は「きぐれ」とも読み、こちらも二四六位に入っている。

一二二位の生方も群馬県独特だ。県内には他にも生形・小保方といった「うぶかた・おぼかた」系の名字があり、いずれもルーツは同じとみられる。

この他、一三〇位羽鳥、一三五位津久井、一四〇位田部井、一五一位都丸、一五二位北爪、一五六位阿久沢、一七〇位原沢、一八〇位小板橋、一八六位小野里、一八九位黛などが独特。

どの県でもそうだが、二〇〇位台になると群馬県らしい名字が増えてくる。二一三位千明、二一八位小此木、二二八位高草木、二三九位倉林、二四三位樺沢、二四八位小金沢、二七〇位正田、二七四位後閑、二八二位六本木、二八三位藤生(ふじう)、二九八位一場などは他県ではあまり見かけない。

三〇〇位以下では、三〇二位神沢、三二五位小保方、三四一位片貝、三四四位峯岸、三四六位加部、三四八位信沢、三四九位登坂、三五二位女屋、三五六位城田、三六四位笛木、三七二位天笠、三八〇位千木良、三八四位佐俣、三八七位新島、三九二位深町、三九八位戸丸、四〇〇位藤生(ふじゅう)と珍しい名字が目白押し。

なお四〇〇位以下では、鹿沼、横坂、周藤、小井土、小野沢、尾内、森尻、生形、牛込、五〇〇位以下では毒島、一倉、水出、真庭、桑子、今成、小柏、千吉良などが独特。

地域別の特徴

群馬県は関東地方の北部に位置し、北は新潟県、西は長野県と接し、南西の山梨県など関東地方以外とも近いことから、県内の名字はそれぞれの地域の影響も受けて、かなりバラエティーに富んでいる。

ここでは、県内を中毛・東毛・西毛・北毛の四つの地域に分けて、各地域の特徴を平成大合併前の旧市町村別に見てみたい。

※この項に登場する市町村はすべて合併前の旧市町村

中毛地区

県庁所在地の前橋市を中心として、県の中央部にある中毛地区。県内各地から人が集まってきていることもあって比較的県全体の名字分布に近い。

前橋市では最多が高橋で、二位小林、三位佐藤と、県全体とランキングと同じ。四位には新井のかわりに斎藤が入っている。県順位三五二位の女屋はその八割以上が前橋市にある他、船津も全県の半数以上が集中している。奈良や井野も多い。

伊勢崎市も一位高橋、二位小林だが、三位には新井が入る。大和は全県の七割、森尻・矢内は六割以上が集中している他、細井・板垣なども半数以上が伊勢崎市にある。

勢多郡では高橋と星野、関口が多い。赤城村では狩野、富士見村では樺沢、宮城村では北爪が最多となっており、宮城村の六本木、粕川村の猪熊・真藤、新里村の天沼、東村の高草木・周藤などが特徴。

佐波郡でも高橋は多いが、次いで新井・小林が目立つ。境町では田島が最多で、赤堀町の神沢・秋間、東村の小保方・国定、境町の柿沼・光山(こうやま)、玉村町の羽鳥などが特徴。

東毛地区

東毛地区全体では小林が最も多く、かつてあった一三市町のうち四市町で最多となっていた。しかし、残りの九市町村で最多となっている名字は八個もあり、市町村による違いが大きい。

桐生市では新井と小林がとびぬけて多く、今泉や前原、毒島が多いのも特徴。

太田市は小林が二位鈴木の二倍近い圧倒的な最多となっている。久保田や田島、天笠、新島、原島などが多いのが特徴。館林市は川島が最多で、九位に荒井が入る。田部井や井野口などが多い。

新田郡の四町はすべて最多名字が違い、共通して多いのは小林くらい。尾島町の楢原、新田町の糸井・坂庭、藪塚本町の伏島、笠懸町の武井などが特徴。

山田郡野大間々町では鏑木が多い。よみは「かぶらき」と「かぶらぎ」があるが、「かぶらぎ」の方が多い。

邑楽郡も小林が多く、川島や新井も広く分布している。明和町では二位奈良、三位田口、五位篠木とかなり独自の分布。この他にも、本沢など独特の名字が多い。それ以外では、板倉町の蓮見・小野田、千代田町の松沢・酒巻、大泉町の対比地・島山、邑楽町の増尾・戸ヶ崎などが特徴。

西毛地区

高崎市を中心とする西毛地区では高橋と佐藤、新井の三つが多い。かつてあった一九市町村のうち、高橋が高崎市など四市町村、佐藤が富岡市など五市町、新井が安中市など四市町で最多と、多い名字が割れている。

高崎市独特の名字が植原。旧高崎市だけで、全県の植原さんの八割強が集中している。吉井・長井・梅山も半数以上が高崎市に集中しており、湯浅・天田・反町なども多い。

藤岡市の最多は新井で、黒沢が多い。富岡市と安中市はともに佐藤が最多。富岡市では黛・神戸・勅使河原、安中市では多胡・小板橋・鬼形が多い。

群馬郡では清水と高橋が多く、榛名町の中曽根・長壁・広神・島方、箕郷町の川浦・青柳・小和瀬、群馬町の志村が特徴。

多野郡では新井・高橋・黒沢の三つが多い。鬼石町の小柏・四方田、吉井町の春山、万場町の宮前、上野村の相馬・仲沢などが独特。また、万場町五位の茂木は「もてぎ」と読むのに対し、新町九位の茂木は「もぎ」と、同じ郡内でも読み方が違っている。

甘楽郡では、妙義町と下仁田町では佐藤が最多だが、南牧村では市川、甘楽町では田村と、県全体ではあまり多くない名字が最多となっている。妙義町の神宮・伊丹、下仁田町の小井土・園部、南牧村の小金沢・佐俣・田貝、甘楽町の大河原が独特。とくに小井土は全県の約半数が下仁田町にある。

碓氷郡松井田町では佐藤と上原の二つが飛びぬけて多く、小板橋・武井も多い。猿谷・藤巻などが独特。

北毛地区

北毛地区は、渋川市を中心とする北群馬地区、沼田市を中心とする奥利根地区、中之条町を中心とする吾妻郡地区で大きく違っている。

北群馬地区では高橋が圧倒的に多く、次いで小林・佐藤などが目立ち、県全体の分布と似ている。渋川市の入沢、子持村の小淵・石北、小野上村の平方、榛東村の富沢・一倉・善養寺、吉岡町の森田・武藤などが特徴。

奥利根地区は星野・小林・林が多く、佐藤は少ない。沼田市では五位に生方、十位に大竹が入っているほか吉野や深津も多い。白沢村の鶴淵、片品村の千明・入沢、川場村の戸丸・信沢、月夜野町の真庭、昭和村の諸田・堤・新木(あらき)など、独特の名字も上位に入っている。

吾妻郡では八町村の最多名字がすべて異なっている。中之条町では関、長野原町では篠原、嬬恋村では黒岩、草津町は山口、高山村では後藤と、珍しいわけではないが、県内ではそれほど多くない名字が最多。この他、中之条町の剣持・劔持、東村の奥木、吾妻町の一場・水出・加部・加辺、嬬恋村の干川・熊川、草津町の湯本、高山村の平形・都筑・割田などが独特。干川は全県の三分の二が嬬恋村にある。

読み方の分かれる名字

日本人の名字には、漢字表記は同じだが読み方が異なるという名字はたくさんある。これは他国ではあまり例がない。同じ綴りでも国が違うと発音も異なるというものはよくあるが、同じ国内なのに読み方が様々というのは珍しい。

もちろん、違う読み方があるとはいっても、大多数は同じ読み方で、ごく一部に違う読み方をすることがある、というのがほとんどだ。たとえば、西川は圧倒的に「にしかわ」だが、稀に「さいかわ」と読むこともある。他にも、増田、土屋などは「ますだ」「つちや」がほとんどで、「ました」「ひじや」と読むのはごくわずかにすぎない。

しかし、中には複数の読み方がいずれもメジャーというものもある。全国的には、河野(こうの・かわの)、東(ひがし・あずま)、菅野(かんの・すがの)、上村(うえむら・かみむら)などが有名。いずれの読み方も多く、漢字を見ただけではどう読んでいいかはわからない。また、青森県の古川(こがわ)、山形県の今田(こんた)、石川県の谷内(やち)、岐阜県の坂(ばん)、滋賀県の上西(じょうにし)、高知県の西原(さいばら)、大分県の江田(こうだ)のように、ある特定の地域では違う読み方をする名字というものもある。

こうした読み方の違いは、他地域の出身者にとっては分かりづらい。ここでは、県内の主な名字について、その読み方の違いを紹介したい。

まず、全国的にも読み方が半数ずつに分かれる河野と東。

河野は全国では「こうの」が五三％で、「かわの」が四七％とほぼ半数ずつ。県内でもほぼ半数ずつだが、全国とは逆に「かわの」の方が五一％と若干多い。とくに地域的な偏りもなく、県内の「河野」さんの読み方は本人に聞かない限りわからない。

一方、東は近畿以東で「あずま」が多く、中国以西で「ひがし」が多いことから、県内でも八〇％以上が「あずま」で、「ひがし」は少ない。

さて、群馬県で読み方の分かれる名字といえば、なんといっても「茂木」と「木暮」だろう。

「茂木」は群馬県を代表する名字の一つで、両方合わせると一三位あたりに相当するという県内ではメジャーな名字。しかし、本書では読み方を区別してランキングをしているため、「もてき・もてぎ」が四〇位、「もき・もぎ」が四一位と分かれるが、それでもともに五〇位以内にランクインしている。地域別には、前橋市や高崎市では「もぎ」、富岡市や安中市では「もてぎ」が多く、その他の地域では読み方が分かれている。なお、全国的には「もぎ」の方がやや多い。

木暮も群馬県を代表する名字だが、一般的には「こぐれ」と読み、全県順位は一〇八位。東毛地区や藤岡市付近に集中している。ところが、東毛地区でも伊勢崎市付近では「きぐれ」とも読み、全県でも二四六位に入っている。両方合わせると六〇位台に相当する。なお、群馬県以外では少ないが、ほぼ「こぐれ」である。

渡部も読み方が分かれる名字の一つ。全国的には八〇％以上が「わたなべ」で、「わたべ」は少ないのだが、県内では五七％と半数以上が「わたべ」。新潟県や長野県でも「わたべ」の方が多いことから、その影響を受けているとみられる。

菅野も県内では「かんの」と「すがの」がほぼ半数ずつ。全国的には七〇％が近くが「かんの」である。

上村も全国には「うえむら」と「かみむら」に分かれるが、関東では「かみむら」が多く、とくに群馬県では九〇％以上が「かみむら」。これは日本一「かみむら」の多い新潟県の影響が大きいとみられる。

藤原・萩原・梶原・菅原などは、「〜わら」と読むことが多いが、「〜はら」とも読む。

藤原は全国的には「ふじわら」が圧倒的に多く、山梨県や大阪府南部など一部に「ふじはら」の多い地域もある。関東では一〇％から一四％が「ふじはら」で、群馬県でも同じ割合。

萩原は全国的には「はぎわら」が八割で「はぎはら」が二割だが、かなり地域差が大きい。関東各都県ではすべて九割以上が「はぎわら」で、日本一萩原さんの集中している群馬県では実に九八％が「はぎわら」。なお、山梨県では八割弱、鹿児島県では九割以上が「はぎはら」である。

荻原は「おぎわら」と「おぎはら」に分かれ、県内では七一％が「おぎわら」で、二九％が「おぎはら」。従って、「おぎわら」が一七八位で、「おぎはら」が三六六位。

菅原は、圧倒的に多い東北ではほぼ「すがわら」で、西に行くにしたがって「すがはら」が増える。関東では七〜八割が「すがわら」で、群馬県では「すがわら」が約七割。

読み方が三つ以上に分かれるのが、角田・河内・熊谷・塩谷・狩野など。

角田は、全国的には「つのだ」がやっと半数を超える程度で、以下「かくだ」「すみだ」「かどた」の順に多いのだが、全国一角田さんの集中している群馬県では実に九八％以上が「つのだ」。次いで「かくだ」が一％強で、「かどた」や「すみだ」は極めて少ない。

河内は、河内国にちなむ「かわち」と、地形に由来する「かわうち」「こうち」がいずれも多く、全国では最多の「かわうち」でも四割強。県内では四分の三が「かわうち」で、四分のが「かわち」。「こうち」は少ない。

熊谷は「くまがい」が九割以上と圧倒的に多く、特定の地域で違う読み方をすることもある。県内の「くまがい」は八三%とあまり高くなく、一七%近くが「くまがや」。「くまがや」は埼玉県熊谷市を中心に分布している。なお、福岡県では「くまがえ」、青森県では「くまたに」も多く、「くまや」も各地に点々とある。

塩谷も読み方が多い。全国的には「しおたに」と「しおや」が圧倒的に多く、東日本では「しおや」、西日本では「しおたに」が主流。県内では八五%が「しおや」で、残りは「しおのや」と「しおがい」が多い。ちなみに岐阜県では「えんや」である。

狩野はどう読むだろうか。伊豆の狩野氏や、絵師の狩野家がいずれも「かのう」と読むことから、圧倒的に「かのう」と読む人が多いが、実は読み方にはかなりの地域差がある。日本一狩野の多い県は群馬県で、九四%近くが「かのう」。そのため、関東地方では「かのう」が主流だが、東京では「かのう」は半数程度で、三割は「狩」という漢字の読み方に従った「かりの」。さらに二割は「かの」である。実は群馬県に次いで狩野の多い宮城県では、六割が「かりの」で、四割近くが「かの」。「かのう」は一%と極めて少ないのだ。

■旧市町村別ベストテン

地域	郡	旧市町村名	1位	2位	3位	4位	5位	6位	7位	8位	9位	10位	備考
中毛		前橋市	高橋	小林	佐藤	斎藤	鈴木	関口	吉田	新井	清水	山田	
		伊勢崎市	高橋	小林	新井	栗原	斎藤	鈴木	佐藤	石原	五十嵐	木村	
	勢多郡	北橘村	萩原	高橋	今井	狩野	石田	森田	田中	町田	藤井	都丸	渋川市
		赤城村	狩野	須田	角田	斎藤	永井	都丸	木暮(き)	石田	南雲	茂木(ぎ)	渋川市
		富士見村	樺沢	下田	狩野	小林	須田	斎藤	関口	新井	角田	金子	前橋市
		大胡町	井上	山口	茂木(て)	小林	阿久沢	柳沢	横沢	高橋	大沢	斎藤	前橋市
		宮城村	北爪	大崎	前原	阿久沢	松村	六本木	高橋	宮田	井上	星野	前橋市
		粕川村	松村	坂本	星野	小林	新井	猪熊	中島	真下	吉田	鈴木	前橋市
		新里村	星野	金子	高橋	山口	小林	今泉	瀬谷	松島	桑原	新井	桐生市
		黒保根村	星野	新井	小林	尾池	深沢	松島	関口	大塚	青木	高沢	桐生市
		東村	星野	松島	金子	高草木	関口	小林	高瀬	神山	周藤	前原	みどり市
	佐波郡	赤堀町	斎藤	新井	小林	吉田	高柳	中島	金子	久保田	鈴木	神沢	伊勢崎市
		東村	高橋	根岸	諏訪	新井	小島	松原	阿久津	鈴木	小保方	小林	伊勢崎市
		境町	田島	新井	小林	栗原	関口	高橋	金井	高木	長沼	柿沼	伊勢崎市
		玉村町	高橋	小林	斎藤	新井	萩原	佐藤	羽鳥	原	吉田	渡辺	
		桐生市	新井	小林	星野	金子	中島	高橋	斎藤	佐藤	大沢	今泉	

東毛												西毛						
		新田郡					邑楽郡									群馬郡		
太田市	館林市	尾島町	新田町	藪塚本町	笠懸町	山田郡大間々町	板倉町	明和町	千代田町	大泉町	邑楽町	高崎市	藤岡市	富岡市	安中市	榛名町	倉渕村	箕郷町
小林	川島	茂木(て)	斎藤	清水	岩崎	星野	小林	新井	高橋	川島	小林	高橋	新井	佐藤	佐藤	清水	原田	清水
鈴木	小林	橋本	栗原	小林	小林	金子	根岸	奈良	坂本	小林	中村	佐藤	高橋	高橋	須藤	中島	塚越	高橋
高橋	飯塚	飯塚	高橋	新井	金子	小林	増田	田口	金子	久保田	金子	清水	小林	新井	中島	富沢	戸塚	永井
斎藤	渡辺	高橋	小林	植木	赤石	新井	荒井	松本	川島	岩瀬	新井	新井	中島	茂木(て)	萩原	高橋	佐藤	佐藤
木村	松本	正田	関口	福田	大沢	松島	斎藤	篠木	栗原	坂本	橋本	小林	黒沢	斎藤	高橋	小林	関	関口
久保田	斎藤	新井	吉田	斎藤	新井	今泉	小島	関口	小林	新井	斎藤	鈴木	清水	今井	田中	後閑	中沢	青山
佐藤	鈴木	小林	茂木(て)	星野	星野	小倉	鈴木	小林	橋本	高橋	大塚	松本	斎藤	吉田	桜井	樋口	吉田	小林
渡辺	吉田	清水	石原	佐藤	高橋	石原	石川	吉永	大谷	鈴木	小島	吉田	山田	松本	清水	佐藤	上野	川浦
清水	新井	栗原	木村	町田	松井	鏑木	荻野	柿沼	関口	中村	川島	金井	佐藤	小林	小林	柴山	野口	桜井
中村	原	加藤	新井	高橋	斎藤	須永	蓮見	島田	吉永	佐藤	佐藤	斎藤	木村	山田	多胡	中曽根	下平	山口
		太田市	太田市	太田市	みどり市	みどり市										高崎市	高崎市	高崎市

地域	郡市	旧市町村	1	2	3	4	5	6	7	8	9	10	合併先
西毛		群馬町	高橋	福田	斎藤	鈴木	岸	清水	佐藤	田中	加藤	吉田	高崎市
西毛	多野郡	新町	高橋	小林	竹内	新井	斎藤	佐藤	田中	木村	茂木（ぎ）	鈴木	高崎市
西毛	多野郡	鬼石町	新井	飯塚	桜井	山田	黒沢	山口	高橋	野口	井上	小柏	藤岡市
西毛	多野郡	吉井町	新井	吉田	堀越	高橋	鈴木	小林	佐藤	斎藤	三木	黒沢	高崎市
西毛	多野郡	万場町	新井	黒沢	宮前	飯塚	茂木（て）	斎藤	高橋	黒田	田村	近藤	神流町
西毛	多野郡	中里村	高橋	黒沢	今井	土屋	桜井	小林	岩崎	斎藤	西沢	田村	神流町
西毛	多野郡	上野村	黒沢	今井	田村	相馬	仲沢	中沢	神田	堀川	土屋	小須田	
西毛	甘楽郡	妙義町	佐藤	清水	田村	神宮	大塚	岩井	伊丹	高橋	渡辺	関	富岡市
西毛	甘楽郡	下仁田町	佐藤	神戸	今井	永井	小井土	岩井	田村	下山	小金沢	高橋	
西毛	甘楽郡	南牧村	市川	小金沢	工藤	石井	茂木（て）	浅川	今井	神戸	青木	小須田	
西毛	甘楽郡	甘楽町	田村	斎藤	山田	吉田	松井	高橋	堀口	中野	新井	飯塚	
西毛	碓氷郡	松井田町	佐藤	上原	小板橋	武井	中島	萩原	小林	金井	中山	高橋	安中市
北毛		渋川市	高橋	小林	飯塚	狩野	佐藤	福島	田中	萩原	斎藤	加藤	
北毛		沼田市	星野	小林	高橋	林	生方	田村	金子	松井	角田	大竹	
北毛	北群馬郡	子持村	後藤	生方	飯塚	佐藤	千明	斎藤	高橋	荒木	小淵	小沢	渋川市
北毛	北群馬郡	小野上村	佐藤	野村	小野	斎藤	飯塚	平方	村上	中沢	吉沢	茂木（ぎ）	渋川市
北毛	北群馬郡	伊香保町	高橋	田中	小林	斎藤	佐藤	角田	新井	茂木（ぎ）	加藤	萩原	渋川市
北毛	北群馬郡	榛東村	高橋	清水	岩田	星野	小林	狩野	金井	富沢	小山	萩原	
北毛	北群馬郡	吉岡町	高橋	小林	森田	中島	田中	佐藤	斎藤	武藤	飯塚	原沢	

北毛															
吾妻郡								利根郡							
中之条町	東村	吾妻町	長野原町	嬬恋村	草津町	六合村	高山村	白沢村	利根村	片品村	川場村	月夜野町	水上町	新治村	昭和村
関	佐藤	高橋	篠原	黒岩	山口	山本	後藤	小林	小林	星野	小林	高橋	阿部	林	林
唐沢	飯塚	小池	黒岩	宮崎	山本	篠原	飯塚	中村	金子	萩原	角田	阿部	中島	本多	高橋
田村	唐沢	小林	萩原	干川	佐藤	富沢	平形	小野	星野	千明	吉野	石坂	林	原沢	加藤
宮崎	角田	富沢	小林	土屋	中沢	山口	林	角田	井上	入沢	関	原沢	鈴木	田村	諸田
高橋	橋爪	青木	野口	山崎	黒岩	関	松井	桑原	吉野	笠原	星野	鈴木	木村	阿部	藤井
山田	大塚	一場	佐藤	松本	小林	市川	都筑	樋口	中沢	吉野	戸丸	佐藤	須藤	高橋	堤
小池	奥木	田村	山口	佐藤	宮崎	中沢	星野	鶴淵	新井	戸丸	宮内	林	小林	笛木	石井
綿貫	上原	茂木(ぎ)	湯本	滝沢	高橋	中村	阿部	松井	高橋	須藤	桑原	増田	高橋	小林	星野
小林	石田	田中	浅井	熊川	湯本	本多	町田	佐藤	藤井	桑原	横坂	小野	小野	森下	真下
斎藤	田中	橋爪	宮崎	小林	鈴木	黒岩	小林	新井	鈴木	小林	松井	真庭	田村	河合	横坂
	東吾妻町	東吾妻町				中之条町		沼田市	沼田市			みなかみ町	みなかみ町	みなかみ町	

群馬県旧市町村図

（平成15年3月31日現在）

みなかみ町
片品村
川場村
中之条町
草津町
高山村
昭和村
沼田市
長野原町
東吾妻町
渋川市
桐生市
みどり市
嬬恋村
榛東村
吉岡町
前橋市
桐生市
高崎市
安中市
伊勢崎市
太田市
玉村町
高崎市
富岡市
下仁田町
邑楽町
大泉町
館林市
板倉町
甘楽町
千代田町
明和町
藤岡市
南牧村
神流町
上野村

群馬県現市町村図

第二章　名字ランキング1位〜100位

1位
全国順位3位

高橋

県単位の最高位は群馬と愛媛二県だけ

県内で最も多い名字は「高橋」。「高橋」は全国順位三位だが、県単位で最多となっているのは群馬県と愛媛県の二県のみ。ただし、岩手県・秋田県・宮城県の三県ではランキングこそ一位ではないものの、人口比で四%を超しており、群馬・愛媛両県よりも高い。中でも、秋田県湯沢市の羽場集落では住民全員が「高橋」であることで知られる。

県内では、ほぼまんべんなく分布している。神流町では三番目に多い名字ながら人口の八%を超している他、最多となっているみなかみ町でも六%近い。

● ルーツ

「高橋」は、文字通り「高い橋」に由来している。橋など珍しくないだろうというのは現代人の感覚にすぎず、江戸時代ですら江戸や京、大坂、名古屋といった大都市を除いては、川は渡し舟で渡るのが普通であった。まして、名字が生まれた古代や中世では、川に常設の橋が架かっている、というのはかなり珍しいことであったはずだ。とくに、深い谷などでは橋は川面からかなり高いところに架けられ、「高橋」のルーツとなった。

最も古い高橋一族は、第八代孝元天皇の子孫と伝える大和の古代豪族である。そのルーツとなった場所は添上郡高橋（天理市）とも、添下郡高橋（奈良市）といもいわれる。高橋氏は代々天皇家や朝廷の食膳を担当していた。

　県内では戦国時代の南牧衆に高橋氏がいた。この高橋氏は古代豪族錦部氏の末裔という。高橋重行は武田信玄の西毛攻略に従っている。一方、吾妻郡の高橋氏は真田氏に属していた。

　富岡市上高尾には高橋という地名があり、ここをルーツとする高橋家もある。桓武平氏の末裔で、戦国時代は箕輪城主の長野氏に仕えていた。

　江戸時代には、那波郡の利根川五料河岸（玉村町）の船問屋に高橋家があった。同家は例幣使街道と、南行する本庄への道の分岐点西側一帯の広大な地を占め、大小七つの土蔵があった豪商であった。

　下仁田町には藤原南家乙麻呂の末裔と伝える旧家の高橋家がある。三河国高橋荘（愛知県）がルーツといい、越中国を経て、戦国時代の天正年間に上野に転じて小幡氏に仕えた。

　利根郡合瀬村（みなかみ町）には、猿ヶ京の口留番所があり、高橋家が番人を世襲でつとめていた。真田氏時代に番人となり、その改易後もつとめている。

著名人

　明治時代に毒婦と呼ばれた高橋お伝が、みなかみ町の出身。実父は沼田藩家老広瀬半右衛門であるという。戦前の詩人、高橋元吉は前橋市の生まれ。

　現在活躍中の人物では、平成二十五年夏の甲子園で前橋育英高のエースとして全国制覇、翌年ドラフト一巡目指名で西武に入団した高橋光成投手が沼田市の出身である。

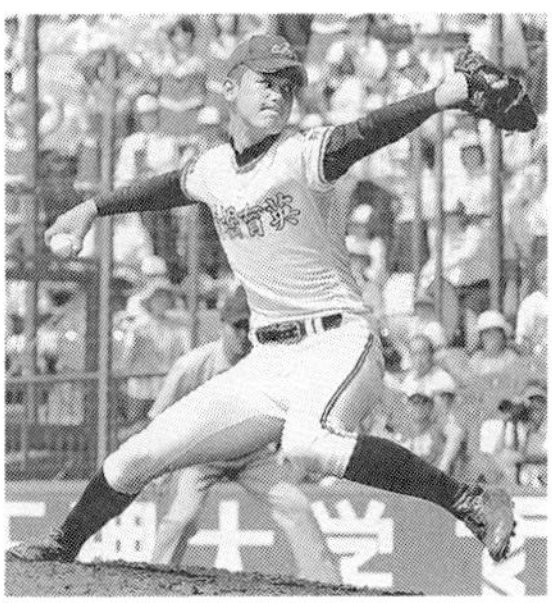
全国優勝した前橋育英高の高橋光成投手

2位
全国順位9位

小林

北毛地区に多く、長野では圧倒的

第二位の「小林」は、隣の長野県に圧倒的に多い名字である。「小林」が県単位で最多となっているのは長野県だけ、二位が群馬県と山梨県、北隣の新潟県では三位と、長野県を中心に広がっている。

西日本では兵庫県に多く、九州・四国以外ではすべての都道府県で四〇位までに登場する。

県内では北毛地区に多く、沼田市や川場村では最多。とくに川場村では人口の七%を超す高い比率となっている。東毛でも、太田市・邑楽町・板倉町で最多である。一方、県の南西部では少なく、下仁田町や上野村ではかなり少ない。

●ルーツ

「小林」は、文字通り雑木林のような小さな林から生まれた地形由来の名字で、各地にルーツがある。

とくに、長野県には小林という地名も多く、地名由来のものと相まって圧倒的な最多名字となっている。「小林」のルーツとして一番有名なのが伊那郡小林村(飯田市)で、ここをルーツとする小林一族は諏訪氏の庶流。

県内では、上野国緑野郡の武士の小林氏が知られる。桓武平氏秩父氏の一族高山氏の庶流で、同郡小林(藤岡市小林)を本拠とした。『吾妻鏡』にもしばしば小林党として登場、元暦二年(一一八五)に源頼朝が鶴岡八幡宮を参拝した際には、奉納した神馬の引役をつとめた一人に小林次郎重弘の名がみえる。

建武元年(一三三四)重政は新田義貞から地頭職を安堵され、南北朝時代には北朝に属して越後に転戦した。室町時代も代々同地にあった他、山名氏に従って丹波国に転じた一族もある。

戦国時代は平井城(藤岡市)の山内上杉氏に属していた。のち上杉謙信に仕え、江戸時代は米沢藩士となった。県内には、この末裔と伝える小林家が多い。

江戸時代は、吾妻郡坪井村(吾妻郡長野原町大津)の旧家に小林家があった。宇多源氏といい、南北朝時代は足利尊氏に仕え、戦国時代は武田信玄に仕えていたという。その後、坪井村に移り住み、代々助右衛門を称して酒造業を営んでいた。

著名人

音楽教育家で、『窓際のトットちゃん』で有名になったトモエ学園の創設者が小林宗作。東吾妻町生まれで、戦後はリトミックの普及につとめた。

昭和四十二年から六回にわたって世界タイトルを保持したジュニア・ライト級のプロボクサー、小林弘は伊勢崎市の生まれ。俳優の小林桂樹は高崎市榛名町生まれで前橋市育ち。NHKドラマ「赤ひげ」が有名。

映画「ここに泉あり」の1シーン(前列右が小林桂樹)

3位
全国順位1位

佐藤

全国最多、県内は西毛地区に多い

群馬県の第三位は全国最多の「佐藤」。「佐藤」は関東以北ではすべて三位以内となっており、北海道など九都道県で一位である。かつて、日本一多い名字は鈴木で、佐藤は僅差で第二位とされていたが、現在では佐藤が鈴木をかなり引き離して一位であることがわかっている。

県内ではほぼまんべんなく分布しているが、とくに西毛地区に多く、安中市・富岡市・下仁田町では最多。とくに下仁田町では人口の七%近くを占めている。

ルーツ

「佐藤」のように、下に「藤」のつく名字は藤原一族の末裔であることが多い。平安時代、藤原氏は朝廷の要職を独占したため、貴族や官僚たちには「藤原」さんが圧倒的に多かった。公家は姓の「藤原」とは別に「一条」や「日野」といった家号を使用し、これがのちに名字となっている。

一方、中級の官僚たちは、名門藤原一族であることを示すために、領地のある土地や職業名と、藤原氏の「藤」を組み合わせて名字にした。

左衛門尉という役職を世襲した藤原公清の子孫は、役職名にちなんで「佐藤」を名字とし、この系統が佐藤一族の本家とされている。

一方、地名に由来するものとしては、栃木県佐野に由来するものが有名だが、佐渡に由来する「佐藤」もある。

県内では、吾妻郡の在地武士に佐藤氏がいた。戦国時代、佐藤軍兵衛は真田氏に属している他、佐藤甚左衛門、佐藤主水佐などの名がみえる。

江戸時代、群馬郡下柴村（高崎市箕郷町下芝）に旧家の佐藤家があった。在原業平の家臣で長野氏とともに京都から来国したと伝える。箕輪城落城後は帰農し、代々村役人をつとめた。江戸時代には庄屋を世襲、のち木屋と号した材木商を営んだ。

●有名人

錦織圭選手の活躍で近年再評価されている、テニスの佐藤次郎選手が渋川市の旧子持村の生まれ。昭和八年（一九三三）のウィンブルドンのダブルスでは準優勝した。

明治二年（一八六九）に高崎藩領四五カ村の農民が、不作減納、税制改正などを高崎藩庁に訴えた高崎藩五万石騒動の総代として斬首された佐藤三喜蔵は高崎市下中居の農民。

俳優三国連太郎の本名は佐藤政雄。静岡県出身だが、生まれは太田市。長男・浩市も俳優として活躍している。

なお、「赤城の子守唄」の作詞家として知られる詩人の佐藤惣之助は神奈川県、明治中期の佐藤与三知事は山口県の生まれである。

1933年ウィンブルドン準々決勝での佐藤次郎選手の勇姿

4位
全国順位99位

新井

儒学者・新井白石は群馬がルーツ？

第四位「新井」の全国順位は九九位で、上位三つの高橋、小林、佐藤などに比べるとかなり低い。実は、第四位という順位は全国の都道府県の中で最高順位で、ベストテンに入っているのも群馬県以外では八位の埼玉県のみ。一〇〇位以内となっているのもわずかに六県しかなく、群馬県を中心に北関東と長野県に集中している名字といえる。

とくに埼玉県北部から群馬県東部・栃木県西部にかけて集中しており、なかでも旧万場町（神流町）では人口の二割を超す圧倒的な最多名字だった。

県内では西毛南部と東毛に多く、最多となっている神流町では実に人口の一五％以上。この他、藤岡市で四％、甘楽町では二％を超える。一方、北毛地区では少なく、むしろ珍しい名字に近い。

●ルーツ

「井」という漢字からは井戸を連想するが、「井」は井戸だけでなく、広く川などから水を汲む場所や用水路などを意味した。

つまり、「新井」とは新しくできた水汲み場や用水路のことである。洪水などでしばしば氾濫した利根川は、その都度流れが大きく変化した。そのため水汲み場も変化したことから、新しくできた「井」として多くの「新井」が生まれた。

一方、使われなくなった「井」は「荒井」で、ここから生まれた名字が「荒井」なのだが、「新井」と「荒井」は場所も近く、しばしば混淆した。

県内では、清和源氏新田氏の一族の覚義が上野国新田郡新井村（太田市）に住んで新井氏を称したといい、江戸時代の儒学者・新井白石は著書『折りたく柴の記』で、自らの先祖として覚義をあげている。戦国時代には桐生衆の中に新居氏があり、この新井氏と同族とみられる。

明和町斗合田の旧家新井家もこの末裔で、戦国時代は由良氏に仕えていたが、主家の移封の際に斗合田に土着したと伝える。江戸時代は代々清兵衛を称して名主をつとめた。

甘楽町小幡には在地武士の新井氏がいた。清和源氏の出といい、同家墓地には建武元年（一三三四）の板碑が残っている。代々小幡氏の家臣で、江戸時代は帰農して名主をつとめ、名字帯刀を許されていた。

著名人

戦争で右足を失いながら住友生命の社長・会長を歴任した新井正明は東吾妻町の生まれ。山口家の生まれで新井家の養子となった。養父の新井洞巌は南画家として知られる。

戦前に、台湾の紅茶産業発展に貢献した新井耕吉郎が沼田市の旧利根村の生まれ。ビックカメラの創業者・新井隆司（本名・隆二）は高崎市の生まれである。

「台湾紅茶の父」新井耕吉郎の胸像と石碑（沼田市利根町）

5位
全国順位15位

斎藤

齊や斉は別、県内に広く分布

第五位の「斎藤」は、「斎藤」と旧字体を使った「齋藤」を合わせたもの。「斉藤」や「齊藤」は含んでいない。「斎」と「斉」は形が似ているだけで別の漢字だが、名字の世界ではそれぞれの旧字体である「齋」「齊」と合わせて同じ漢字として扱われることが多い。

本書では、「新旧字体の違いは同じ名字とするが、いくら形が似ていても別の漢字を使う場合は別の名字とする」という大原則に従っているため、「斎藤／齋藤」と「斉藤／齊藤」はそれぞれ別にカウントしてある。

全国的にみて、東日本では「斎藤」が多く、西日本では「斉藤」が多い。従って東日本に属する群馬県でも、「斎藤」は第五位に入っている一方、「斉藤」は七七位。

県内では広く分布しているが、とくに神流町と甘楽町に多い。

ルーツ

「斎藤」も下に「藤」がついて「〜とう」と読むことから藤原氏の末裔であることがわかる。藤原利仁の子の叙用が伊勢神宮の斎宮頭となり、斎藤を称したのが祖。利仁は越前を本拠とし、吉信・忠頼は加賀介となって、子孫は北陸一帯に広がった。

利仁の母は越前国の豪族秦氏の出であったことから、斎藤氏はまず越前国に広がり、伊頼は越前国押領使となった。のち、坂井郡坪江荘（福井県あわら市）を領した疋田斎藤氏と、同国足羽郡河合荘（福井市川合）を領した河合斎藤氏の二流にわかれた。滝口入道として知られる斎藤時頼は疋田斎藤氏の出である。

吉信のときに加賀介となり、子忠頼は加賀に下向して土着、加賀斎藤氏となった。子孫は多くの氏族にわかれ、とくに富樫氏と林氏が著名。

県内では、中世の吾妻荘に斎藤氏がいた。戦国時代は岩櫃（いわびつ）城に拠り、斎藤憲広は上杉謙信に従った吾妻武士団の中心だった。憲広の甥憲実は武田信玄に内通したことから岩櫃城は落城、憲広は越後に落ちた。

太田市中根には旧家の斎藤家がある。藤原姓で近江国から転じて、代々岡部藩領中根村の名主をつとめ、名字帯刀も許されていた。

小幡藩家老の斎藤家は藤原北家秀郷流で、代々松平氏に仕えていた。

榛名町には斎藤道三の末裔と伝える斎藤家もある。

●著名人

アララギ派の歌人斎藤喜博が玉村町の生まれ。教師の傍ら土屋文明に師事して作歌を続けた。

平成十八年夏の甲子園でハンカチ王子として絶大な人気を得た早実の斎藤佑樹投手（現・日本ハム）は太田市の出身。生品中学から東京の早実に野球留学していた。

続日本100名城、斎藤氏の居城だった岩櫃城（東吾妻町）

6位
全国順位20位

清水

山梨・長野・群馬三県に多く、西毛に集中

第六位は「清水」。清水は、山梨・長野・群馬の三県にとくに多く、次いで北陸や関東にも多い。一方、東北や九州ではあまり多くない。分布をみると、この三県を中心にして全国に広がっているようにもみえる。

長野では県東部に多く、群馬県では旧榛名町（高崎市）で最多となっていたなど、県の南西部に集中していることから、長野・山梨・群馬三県の県境付近一帯が、清水さんの一大集中地域であることがわかる。

県内では西毛地区に集中しており、高崎市と榛東村では第二位の名字。とくに榛東村では人口の二・六％を占めている。その他では東毛の明和町にも多い。

ルーツ

清水という名字のルーツは清水の湧く場所。こうした場所は全国各地にあるが、山間部に多いことは間違いない。多くの川の源流があるこの地域には「清水」という名字が多い。

しかし、「清水」という名字は漢字と読み方が対応していない。本来、「清」という感じは「し」とは詠まないのだ。では、なぜこれで「しみず」と読むかというと、もともと山の中に湧いている水のことを大和言葉で「しみず」といった。これにあとから「清らかな水」という意味で「清水」という漢字をあてたものなのだ。

県内では、玉村町の川井河岸

の船問屋に清水家があった。慶長十二年（一六〇七）江戸城天守閣・石塁修理のための石材を利根川からとり、運んだことから船問屋経営を始めたという。前橋藩主の休憩場所もつとめ、本陣といわれた。

藤岡市の清水家は木曽義仲の子義基の末裔と伝え、名字の地は信濃国佐久郡清水郷であるという。戦国時代は芦田氏に属し、天正年間に藤岡に転じて、そのまま土着したと伝える。

榛名町中室田の清水家も木曽義仲の末裔だが、義基ではなく義高の末裔と伝える。元暦元年（一一八四）義高が武蔵国入間河原で誅（ちゅう）された際に、身籠っていた側室が中室田に逃れて出産。のち清水氏を称して土着し、江戸時代には帰農したという。ただし、義高の享年は一二である。

●著名人

大正九年、テニスのウィンブルドンに日本人として初めて出場した清水善造が高崎市箕輪町の生まれ。オールカマーズの決勝（現在の準決勝にあたる）で巨人と言われたチルデン選手と対戦、チルデンが転倒した際に柔らかなボールを返したことは、戦後の国語の教科書にも取り上げられた。

1921年デビスカップでチルデン選手（右）と並ぶ清水選手

立教大在学中にメルボルン五輪に出場した水泳選手の清水健が高崎市の生まれ。

県会議長を経て、昭和五十一年から知事に四選した清水一郎は前橋市の生まれである。

7位
全国順位2位

鈴木

熊野の山伏がルーツ、関東に多い

全国で二番目に多い「鈴木」は、群馬県では七位。関東地方で鈴木が一位でないのは群馬県だけだ。

全国的には東海から東北にかけて多く、とくに東海と関東南部に激しく集中している一方、西日本ではあまり多くない。県内ではとくに集中している地域はなく、板倉町・みなかみ町・昭和村などに多い。

ルーツ

「鈴木」のルーツは紀伊半島にある。稲を収穫した後、藁(わら)を天日に干すために田んぼに積みあげる。この形や呼び名は地方によっていろいろと違い、紀伊半島では中心に心棒を立てる独特の形に積み上げ、これを「すずき」と呼んだ。

この藁塚にちなむ穂積氏の一族が、「すずき」にちなんで「すずき」氏を称し、これに「鈴木」という漢字をあてたのが始まり。

古代、熊野は修験道の総本山だった。今ではあまり聞き慣れない修験道だが、平安時代には朝廷で深く信仰されていた。熊野で修験道を伝える山伏たちは、信仰を広めるために各地に赴いたが、その際には「鈴木」という名字を名乗っていた。つまり、「鈴木」とは特定の始祖がいるのではなく、熊野から来た山伏であることを示す共通の名字だったのだ。

和歌山県海南市には鈴木一族の総本家の屋敷跡がある。

山伏から広まった鈴木一族は、とくに三河で繁栄した。戦国時代にはこの地方の有力一族となり、発展途上にあった松平(徳川)家に仕えた。家康の活躍とともに鈴木一族も大発展をとげ、家康が江戸に移ると、鈴木一族も大挙して上京したため、関東でも鈴木が爆発的に増えていった。

県内では、吾妻郡に国衆の鈴木氏がいた。鈴木主水重則は真田氏の重臣で、天正七年(一五七九)には名胡桃城(利根郡みなかみ町)城主となっている。同十七年に北条方によって城を追われ、自刃した。

利根村日影南郷の鈴木家の先祖は碓氷峠の熊野神社の神官だったという。江戸時代は代々名主をつとめた。戦後の鈴木順一参議院議員は末裔。

●著名人

戦前に大リーグの招聘に成功、それを迎え撃つために全日本軍を結成したのが、伊勢崎市生まれの鈴木惣太郎である。全日本軍はプロ野球・大日本東京倶楽部となり、やがて東京ジャイアンツ(現在の巨人)と改称したことから、鈴木惣太郎は日本のプロ野球の生みの親でもある。

昭和二十年にポツダム宣言を受諾した鈴木貫太郎首相は、大阪で旧関宿藩士(千葉県)の家に生まれたが、父が群馬県庁に赴任したため、小・中学校時代を群馬県で過ごした。

この他、落語家の先代(五代目)古今亭今輔が伊勢崎市の旧境町の生まれ。「お婆さんもの」で人気を得、日本芸術協会(現・落語芸術協会)会長をつとめた。

続日本100名城、修復なった名胡桃城址(みなかみ町)

8位
全国順位11位

吉田

全国に広く分布、西毛から東毛にも

「吉田」は願いの込められた名字である。昔の人は言葉を大事にした。言葉には魂があり、いい名前をつけることでものごとはよくなると考え、大事なものには、よりよい名前をつけたのだ。

そのため、田んぼの中でも、とくに大事にしたい田んぼには、「良い田」になれという願いを込めて「よしだ」とよび、「吉田」という字をあてた。こうした「良田」に由来する名字が「吉田」である。

現在、「吉田」は全国に広く分布しているが、比較的近畿や東北に多い。県単位でベスト一〇までに登場しないのは沖縄県と山梨県のみである。

県内では甘楽町で人口比三%以上ともっとも多く、富岡市や高崎市でも一%以上。西毛から東毛にかけて広がっている。

ルーツ

これらの良田に由来する「吉田」という地名も各地にあり、こうした地名由来の「吉田」姓も多い。

歴史的には、京都の吉田神社神官で、のちに公家となった吉田家が有名。鎌倉時代に「徒然草」を書いた兼好法師も吉田氏の出である。

県内では、勢多郡女淵（おなぶち）（前橋市）の国衆に吉田氏があった。戦国時代は北条氏に属している。

江戸時代には小幡藩家老に吉田家がある。江戸中期、玄蕃（げんば）は若くして八代藩主織田信邦に上席家老に登用されたが、明和事件の山県大弐（やまがただいに）と親交があったことから失脚した。

桐生市本町で呉服商を営んだ吉田家は、江戸時代に下野国安蘇郡から移り住んだもの。尾張徳川家の御用機屋でもあった。

上野国勢多郡下枝村（太田市）の旧家の吉田家には、寛永十六年（一六三九）の「東上野勢多郡新田庄下枝村検地帳」を含む吉田家文書（太田市指定重要文化財）が伝わっている。

上野国勢多郡新川村（桐生市新里町新川）の豪農の吉田家は、名主の傍ら質屋や酒屋も営んだ。文久二年（一八六二）幸兵衛は横浜に出で生糸商となって成功した。八八〇六点に及ぶ同家文書は桐生市重要指定文化財である。

著名人

江戸時代中期、渋川に農学者吉田芝渓（しけい）がいた。江戸に出て昌平黌（しょうへいこう）で学んだ後、芝中（渋川市）で開墾を実践、「養蚕須知」などを著した。

戦前から戦後にかけての歌人、吉田緑泉は安中市の生まれ。短歌雑誌「草炎」を主宰した。その子孝人は免疫学者として知られる。

幕末から明治初期にかけて、横浜の弁天通で吉村屋と号して生糸商を営んだ吉田幸兵衛は新里村新川の生まれ。代々新川で質屋を営んでおり、明治初年には幸兵衛は横浜を代表する実業家として知られていた。

江戸時代後期に開墾された吉田芝渓の家屋跡（手前）

9位
全国順位158位

星野

群馬を中心に関東から新潟に

「星野」は、群馬県を中心に関東から新潟にかけての地域に集中している。群馬県のランキング九位は全国最高で、ベストテンにも入っている県は他にはない。従って、全国順位も一五八位とかなり低い。

県内では県東部に激しく集中しており、片品村とみどり市では最多。とくに片品村では人口の四分の一が「星野」という極めて高い比率となっている。隣接する川場村でも人口の四%を超し、みどり市や沼田市でも三%以上。一方、多野郡や甘楽郡ではむしろ珍しい名字に近い。

ルーツ

現在では群馬県を中心に広がっているが、歴史上一番有名な星野氏は、筑後国生葉郡星野村(福岡県八女市)をルーツとする一族。南北朝時代は南朝に属し、戦国時代は初め大友氏に、のち島津氏に従った。

県内では、上野国利根郡下川田(沼田市)の国衆に星野氏がいた。藤原姓というが不詳。戦国時代は真田氏に属し、阿曽城に拠った。天和元年(一六八一)真田氏の改易で帰農した。

江戸時代には、勢多郡水沼村(黒保根村)に豪農の星野家があった。藤原北家秀郷流といい、代々七郎衛門を称して名主をつとめ、繭や生糸の取引も行った。維新後、長太郎は明治十二年の第一回県議会選挙で当選、三十七年には衆議院議員となる。一方製糸事業を起こして、群馬県の養蚕業界の発展に尽くした。

渋川市上小室の星野家は、紀伊国牟婁郡星野郷（和歌山県）がルーツという。江戸時代初期ごろに来住したとみられる。前橋市原之郷の星野家も紀伊国の出という。

藤岡市の星野家は、尾張の熱田大宮司家一族の星野氏の末裔と伝える。

沼田市戸鹿野の星野家は、沼田万鬼斎に仕えた星野図書介の末裔という。図書介の子は沼田藩主真田家に仕えていたが、その改易によって帰農したという。

著名人

口に筆をくわえて文字や花の絵を描いた星野富弘はみどり市の生まれ。倉賀野中体育教師としてクラブ活動指導中に頚髄を損傷して半身不随となった。

津田梅子の没後、津田塾の塾長をつとめた星野あいは沼田市の生まれ。戦後、津田塾を大学に昇格させ、津田塾大の初代学長をつとめた。兄の光多はフェリス女学校教頭をつとめた牧師として知られる。

星野長太郎が設立した器械製糸「水沼製糸所」

10位
全国順位28位

中島

県内に広く分布、「なかじま」読み多い

「なかじま」は「中嶋」「中嶌」と書く人も多い。この「嶋」や「嶌」を「島」の旧字体であると思っている人も多いが、実は新旧という関係ではない。

本書では、新旧の漢字による違いのみを同じとみなしている。どうでもよいことのように聞こえるかもしれないが、どこかで明確な線引きをしておかないと、「菊池」と「菊地」は漢字が似ているので同じ、「山本」と「山元」は意味が同じなので同じ名字、などと言いだすと収拾がつかなくなってしまうからだ。そのため、ここで集計されているのは「中島」さんのみである。

なお、「中島」は九州から山口県にかけては「なかしま」と濁らないことも多いが、本書では同じ名字とみなしている。といっても、県内では「なかじま」が圧倒的に多いはずだ。

全国的には関東から東海にかけてと九州北部に多く、佐賀県ではベストテンにも入っている(五位)。県内では広く分布しており、安中市・桐生市・吉岡町・みなかみ町などに多い。

ルーツ

「中島」のルーツは各地にある地名。現在では全国に広く分布しており、東北と四国、沖縄以外では、ほとんどの都道府県で一〇〇位以内の名字となっている。

上野国碓氷郡五料村(安中市)の旧家の中島家は、中山道松井

田宿と坂本宿の間にあり、東西二軒で茶屋本陣をつとめた。それぞれ「お西」「お東」と呼ばれ、交代で五料村の名主もつとめた。両家とも建物は群馬県指定史跡である。

前橋城下細ケ沢（こまかざわ）町に十丁と号して食油商を営んだ中島家があった。文政十一年（一八二八）に初代政五郎が創業、以後代々政五郎を名乗る。維新後、三代目のときに取引先を県内各地に拡大している。

太田市新島の太田家は嵯峨源氏の出で、尾張国中島郷（愛知県）がルーツという。能見松平家に仕えた中島采女が祖で、主家が出羽上山に転じた際に致仕し、新島村で帰農したと伝える。一族は新島に広がった。

榛名町中室田の中島氏も尾張中島がルーツだが、藤原北家秀郷流という。江戸時代は安中藩に仕えた。

みなかみ町藤原の中島氏は奥州藤原氏の末裔と伝える。源頼朝に滅ぼされた後に残党が来住して、この土地を藤原と名づけて土着。のちに中島氏に改称したという。

著名人

中島飛行機創業者で商工相などをつとめた中島知久平は太田市の旧尾島町の生まれ。長男の源太郎も昭和四十四年に衆議院議員に当選し、竹下内閣の文相をつとめた。その子洋二郎も衆議院議員をつとめた。

プロゴルファー中島常幸・恵利華兄妹は桐生市の生まれ。ともにゴルフの英才教育を受け、常幸は昭和六十三年の全米プロで三位に入っている。

中山道を往来する大名や公家が休憩した五料茶屋本陣（安中市）

11位
全国順位53位

田村

群馬での一一位は全国最高。西毛、北毛に多い

「田村」という名字は、地名由来とも地形由来ともいえる。各地に地名がある他、田んぼの広がる村というのは至る所にあったはずだ。こうした場所に住んでいたのが「田村」さんである。

現在も沖縄県を除いてほぼ全国にまんべんなく分布しているが、群馬県の一一位という順位は全国最高。この他では、高知県、山口県、新潟県、岩手県などに多い。

県内では西毛と北毛に多く、西毛では甘楽町では町内の最多名字で、上野村でも三位。北毛では中之条町で三位となっている他、みなかみ町にも多い。

● ルーツ

歴史上一番有名な田村一族は、陸奥国田村郡（福島県）の戦国大名の田村氏である。郡名を名字にしたものだが、系図上では、坂上田村麻呂の子孫が先祖の名前をとって名字にしたということになっている。実際には平氏ではないかともいわれ、先祖ははっきりとしない。天正十八年（一五九〇）の豊臣秀吉の小田原攻めの際に遅参したため所領を没収され、のち仙台藩の支藩となって一関に転じた。

県内では中世の吾妻郡に国衆の田村氏があり、真田氏に属していた。また、新田郡金山城主由良氏の家臣にも田村氏があった。

笠懸町鹿（みどり市）の田村家は由良氏家臣田村加賀守の末裔

と伝える。江戸時代は代々鹿田村の名主をつとめ、維新後吾平は笠懸村長もつとめた。

中之条町の四万温泉の田村家の祖田村甚五郎清政は、もとは岩櫃城主斎藤越前守基国に仕えていた。永禄六年(一五六三)に落城した際に四万山中に土着、四万川の中から湧出する温泉を発見したのが、四万温泉の始まりという。

以後、代々旅館を営み、現在も四万たむらを経営している。戦後の当主三代目茂三郎は四万温泉組合長をつとめ、その弟の三郎は東大名誉教授で、文化勲章も受章した農芸化学者である。

この他、県内には坂上田村麻呂の末裔と伝える田村家も多い。

著名人

在野の歴史家として知られる田村栄太郎は高崎市の生まれ。『日本農民一揆録』『日本風俗史』などで知られる。

シナリオ作家の田村孟(つとむ)は富岡市の旧妙義町の生まれ。大島渚監督作品を多く執筆した他、青木八束名義で小説も書き、芥川賞候補となったこともある。

囲碁ジャーナリストの第一人者として活躍した田村竜騎兵(本名・孝雄)はみどり市の生まれ。早大囲碁部で活躍したのち、朝日新聞で観戦記を執筆。テレビの囲碁番組の司会もつとめた。

元小結琴稲妻佳弘(年寄粂川)の本名が田村昌浩で、みなかみ町生まれ。初土俵から一〇六場所を要しての新三役は史上二位のスロー出世として話題になった。

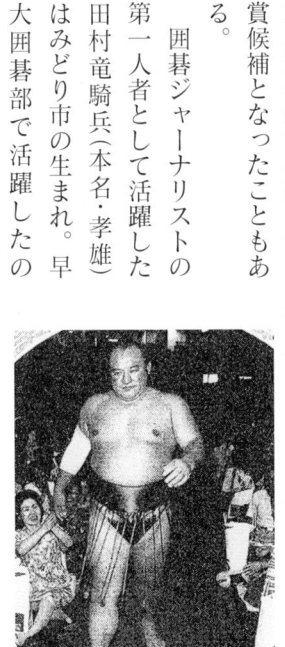

1999年7月場所で引退した琴稲妻関の雄姿

12位
全国順位4位

田中

沖縄を除く全国でランクイン

今では米どころといえば東北や新潟県を思い浮かべるが、かつては米の主な産地は西日本だった。従って、田中さんは西日本に多く、田中は山本とともに西日本を代表する名字となっている。もちろん東日本でも少ないというわけではなく、沖縄県を除くすべての都道府県で五〇位以内にランクインしている。

関東地方でも一〇位以内の県が多く、群馬県の一二位は低い方だ。県内でも、上野村・南牧村を除いてまんべんなく分布している。最も多いのが吉岡町で第五位となっており、東吾妻町にも多い。

ルーツ

米を経済の基本に据えていた日本では、米をつくる田んぼは生活の根幹であった。田中とは「田んぼの中」という意味。見渡すかぎりの広い田のまん中に住むことは、有力な一族の証しでもあったはずだ。

田中という名字は比較的新しいものというイメージが強いが、実は古代からあった。蘇我氏の一族で、大和国高市郡田中(奈良県橿原市田中町)を本拠とした田中氏がおり、『日本書紀』にも登場する。

県内では、中世、上野国新田郡田中郷(太田市新田)をルーツとする田中氏があった。清和源氏新田氏の一族だが、里見義俊の子義清を祖とするものと、岩松時兼の弟時明の子持国を祖とする二系統の田中氏がある。里見氏系の田中氏は代々田中郷を領し、戦国時代正行は横瀬氏に仕えて江戸時代は高崎藩士となった。

甘楽町上野の田中家は清和源氏新田氏の末裔で、江戸時代は代々孫三郎を襲名して名主をつとめていた。幕末には名字帯刀を許され、小幡藩士の身分も持っていた。

吾妻郡東吾妻町の田中家も新田氏の一族で、その始祖は建久四年(一一九三)没の田村蔵人経村と伝える旧家。中世は里見氏に従い、江戸時代は代々箱島の名主をつとめた。

吾妻郡の中山道脇往還大戸宿(東吾妻町大戸)の田中家は、問屋と宿屋を兼ね、名主もつとめた。維新後は県議もつとめている。

甘楽郡南牧村(渋川市南牧)の田中家は代々名主をつとめ、一族は三国街道杢ヶ橋関所の番人をつとめた。現在もかやぶきの役宅が残っており、県指定史跡である。

●著名人

戦後、昭和二十一年から日本選手権の一一〇メートル障害で三連覇した田中順が前橋市の生まれ。日本陸連事務局長もつとめた。

近年では、彫刻家田中栄作が前橋市の生まれ。昭和五十二年に県ヒマラヤ登山隊長としてダウラギリの登頂に成功したのが高崎市生まれの田中成幸である。

なお、戦前に前橋市長をつとめた田中稲一は鹿児島県の生まれ、太田市生まれの映画評論家田中純一郎の本名は松倉寿一である。

三国街道の吾妻川右岸にあった杢ヶ橋関所(渋川市)

13位
全国順位18位

木村

東毛、北毛に多く、関東でも上位

「木村」という名字のルーツには地名もあるが、多くの木村さんは地形由来ではないかと思われる。

また、古代の「木」の国の出である紀氏にちなむ一族という可能性もある。

都道府県単位でみると、青森県、茨城県、滋賀県、京都府の四府県でベストテン入り、一三府県で上位二〇位までに入っているなど、ほぼ全国にまんべんなく分布しているが、福岡県と熊本県を除いて九州にはあまり多くない。最も多いのは青森県で、とくに津軽地方に集中している。

関東地方では一〇位台のところが多く、一三位の群馬県は比較的多い県だ。

県内では、東毛と北毛に多い。東毛では太田市で五位に入っている他、明和町にも多い。北毛では、みなかみ町で五位となっており、とくに旧水上町に多い。

ルーツ

歴史的に有名な木村一族は少ないが、その中で、一番有名なのが下野国(栃木県)の木村氏である。下野国都賀郡木村(栃木県栃木市)がルーツ。藤原北家の藤原秀郷の末裔で、足利有綱(室町将軍家とは別系統)の五男信綱が木村氏を称したのが祖。信綱は鎌倉幕府の歴史書『吾妻鏡』にも登場している。

県内では、中世の佐貫(さぬき)荘小泉

村(大泉町)に木村氏がいた他、天正十八年(一五九〇)の豊臣秀吉の小田原攻めで北条氏に属した女淵衆にも木村氏の名がみえる。

太田市鳥山の木村家は、金山城主由良国繁の家臣木村伊豆守綱彦の末裔で、金山城落城後鳥山で帰農、江戸時代は代々源五衛門を襲名して名主をつとめた。

みなかみ町小日向の木村家は藤原北家秀郷流と伝える。一族は旧水上町内に広がり、維新後は村長などをつとめた。

著名人

スキー連盟会長をつとめた木村宣司はみなかみ町の生まれ。水上温泉ホテル水上館会長の傍ら、水上町長や水上観光協会会長、群馬県スキー連盟会長などをつとめ、インターハイのスキー競技を水上に誘致した。

大正二年から三回にわたって計一二年間前橋市長をつとめた木村二郎は同市若宮町の生まれ。昭和四十一年から沼田市長をつとめた木村信作は川場村の生まれである。

なお、心理学者として知られた木村駿群馬大学名誉教授は神奈川県の生まれである。妻でエッセイストの木村治美も東京生まれ。

日本100名城、岩松・横瀬(由良)・北条と城主が代わる(太田市)

14位
全国順位12位

山田

全国、県内にまんべんなく分布

「山田」という名字は、いかにも普通という感じがする。別に「山田太郎」が日本で一番多い氏名というわけでないが、記入見本として採用されることも多い。その理由は、山田という名字が、実際の数はともかく、ごく一般的に見えるからだ。また、鈴木や佐藤だと、西日本の一部地域では「珍しく」感じてしまうこともある。見本である以上、実際の数の多さではなく、全国どこの人でもが「普通」と感じることが大切なのだ。

都道府県別にみると、岐阜県の第三位が最高だが、ベスト五〇までに山田が登場しないのはわずか四県でしかないなど、沖縄県も含めて全国にまんべんなく分布している。一四位の群馬県はほぼ全国標準。

県内でもまんべんなく分布しており、甘楽町で三位、中之条町で六位と多い。

ルーツ

山田のルーツは「山」と「田」のあるところ。山の麓に広がる田んぼは、かつて全国各地にあった里山の風景そのもの。里山から生まれた名字の代表が山田さんなのだ。また、山田という地名も各地にあった。

県内では、山田郡高津戸村(みどり市)の武士に山田氏があった。平姓で、平安時代後期に山田七郎吉之が高津戸に住み、南北朝時代ころに桐生氏に滅ぼされたという。

甘楽郡白倉（甘楽町）にも山田氏がある。清和源氏満政流で、尾張国山田荘を本拠とした尾張山田氏の一族という。源平合戦後に白倉に移り住んだといい、のち地名をとって白倉氏を称した。天正十八年（一五九〇）の豊臣秀吉の小田原攻めで敗れたのちは各地に帰農、一部に山田氏に戻した家もある。

玉村町角淵の山田家の祖は、金山城主由良氏の家臣山田俊良という。昭和五十四年から玉村町長をつとめた山田国幹はその末裔。一七歳で夭折した画家山田かまちは国幹の甥にあたり、高崎市には山田かまち水彩デッサン美術館がある。

●著名人

社会党から参議院議員をつとめた山田譲は高崎市の生まれだが、父が軍人だったことから各地を転々とした。昭和二十一年の戦後第一回衆議院議員選挙で日本進歩党から当選した山田悟六は境町（伊勢崎市）の長沼家の生まれで、叔父の山田家の養子となった。

高崎市にある山徳園洞窟観音をつくった山田徳蔵は、同市の呉服商だが、新潟県柏崎市の生まれである。

昭和六十三年に一三五日間で五大陸最高峰にすべて登頂するという世界最短記録を樹立した山田昇は沼田市の生まれ。平成元年マッキンリーで遭難した。

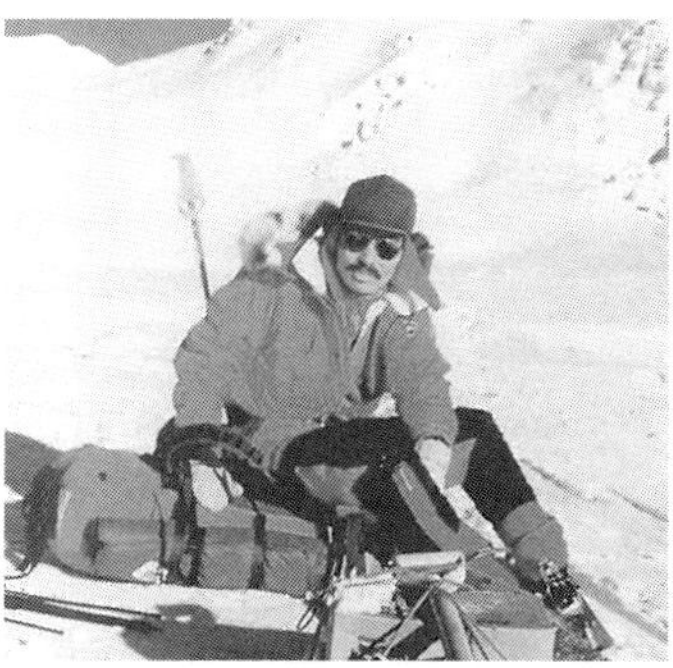

5大陸最高峰最短登頂を樹立した山田昇（マッキンリー〈現デナリ〉で）

15位
全国順位55位

金子

群馬県東部、埼玉県北部に集中

「金子」は地名由来の名字である。金子という地名は全国にいくつかあるが、名字のルーツとなったのは、埼玉県入間市の地名である。

現在は関東から新潟・山形県にかけて多く、関東地方では茨城県を除いてすべて三〇位以内。とくに、群馬県東部と埼玉県北部に集中している。一方、西日本では山口県を除いてそれほど多くない。

県内では、みどり市で二位、沼田市と千代田町で三位、桐生市で四位と、県の東部に偏っている。合併以前の旧市町村では、新里村(桐生市)、大間々町(みどり市)、利根村(沼田市)で二位となっていた。

ルーツ

平安時代後期、関東地方には武蔵七党と呼ばれる七つの武士団があった。七党といいながら実際には九党ほどあり、どの七つをもって〝七党〟というかは決まっていない。

この七党中に村山党という武士団がある。桓武平氏の末裔が東京都西部の村山を本拠として活動していたもので、一族は多摩地区から埼玉県の西部にかけて広がった。

武蔵七党の一族は、住んでいた地名を名字として名乗った。村山党の中に、武蔵国入間郡金子郷(埼玉県入間市)に住んでいた一族があり、彼らが名乗ったのが「金子」である。源平合戦では源氏方に属して活躍、源義経に従った金子十郎家忠は、『平家物語』などにも登場する。

こうした活躍から、鎌倉時代には各地に新しい領地をもらって全国に広がった。

県内では、『源平盛衰記』に新田義重の郎党として金子舟次郎の名がみえ、やはり村山党の一族とみられる。また、戦国時代に上杉謙信に属した沼田衆にも金子氏があった。沼田万鬼斎顕泰の四男平八郎景義を沼田城内で謀殺した沼田城代金子美濃守泰清が知られる。

沼田市の旧利根村大揚は、かつては集落すべて金子家であったといい、こちらも金子家忠の末裔と伝える。

みどり市の金子家は清和源氏の出で、源義平に仕えた金子美濃守泰総が祖という。嫡流は鎌倉時代初期に長尾根に土着し、江戸時代は代々名主をつとめる傍ら、酒造業や質屋を営んだ。大間々の草分けで、代々平右衛門を称した金子家は一族。

●著名人

共産党書記局長をつとめた金子満広は、東京八区の選出だが、生まれは旧利根村大揚（沼田市）。尋常高小卒後、国鉄に就職した。

俳人金子刀水も沼田市生まれ。家業の書店経営の傍ら、村上鬼城に師事した。晩年には利根信用金庫理事長もつとめている。

昭和三十二年から日本選手権の円盤投げで五連覇した中村宗平は沼田市の生まれ。三十三年には日本記録を樹立、東京五輪にも出場した。長男宗弘も十種競技の日本記録を樹立している。

地域俳壇の発展に寄与した金子刀水の句碑（沼田公園）

16位
全国順位203位

関口

関東・信越に集中、県順位は群馬が最高

第一六位の「関口」の全国順位は二〇三位とかなり低い。

「関口」は群馬県南部と埼玉県北部を中心に、関東・信越地方に集中している名字で、それ以外の地域ではあまり多くない。都道府県別の順位でも、群馬県の一六位は全国最高で、五〇位以内に入っているのも他には埼玉県と栃木県のみ。

県内では、前橋市で四位と最も多く、人口比でも一%を占める。この他、みどり市、千代田町、明和町にも多く、千代田町では人口の一・五%近い。

ルーツ

「関口」の「関」には大きく二つの意味がある。

一つは文字通り、「関所」の「関」。江戸時代以前は、街道には多くの関所が設けられていた。こうした関所にちなむものだ。

そしてもう一つは川の「せき」にちなむもの。江戸時代、灌漑のために川に「せき」を設けて田んぼに用水を引き、米を栽培した。こうした「せき」は各地にあり、これにちなむものも多い。「せき」は一般的には「堰」と書くが、地名や名字では「関」という漢字を使用することが多かった。

「関口」の「関」はこうした川のせきにちなむものが多いと思われる。川から田んぼへの用水路を引いた入り口が「関口」で、こうした場所に住んでいたのが「関口」さんである。利根川や信

濃川の流域では、川の水を引いた堰が多かったのだと思われる。

県内では、中世の吾妻郡の武士に関口氏があり、戦国時代は真田氏に属していた。

江戸時代になると。各地に関口家が見られるようになるが、その祖はさまざま。

伊勢崎市境町小此木の関口家は源義家の三男義国の末裔と伝える。

沼田市堀廻町の関口家の祖は信濃の海野氏の家臣であったといい、南北朝時代ころに関口氏を称したと伝える。

みどり市笠懸町阿左美の関口家の祖は、桐生重綱の家臣関口尾張守という。尾張守はのちに金山城主の由良氏に仕え、江戸時代初期に帰農した。

前橋市荒牧の関口家は信濃国の出で、清和源氏村上氏の一族と伝える。

中之条町の沢渡温泉の関口家は、戦国時代の同地の国衆の末裔である。

●著名人

戦後の昭和二十二年から三期一一年前橋市長をつとめた関口志行は太田市の生まれ。雨亭と号した俳人としても知られる。

戦前に柔道界で活躍した関口孝五郎は渋川市の旧子持村の生まれ。明治三十三年に前橋市に弘道館を開設して柔道の普及につとめた。長男林五郎は県医師会長や県公安委員長を歴任、次男の恒五郎は渋川市で医師を開業する傍ら、柔道の世界大会などにしばしばチームドクターとして参加。三男の義五郎も高崎市で開業している。

県体協会長など歴任、「体育の父」と慕われた関口林五郎

17位
全国順位5位

渡辺

関東では群馬以外、すべてベストテン

「渡辺」は地名由来の名字である。名字の種類でいえば、地名由来のものが圧倒的に多いのだが、地名をルーツとする名字は発祥地が限られているため、分布している場所も限られていることが多い。そのため、名字ランキングの上位には地名由来のものはあまり多くない。

「渡辺」には旧字体を使った「渡邊」や、異体字を使用した「渡邉」もあるが、本書ではすべて同じとしている。これは、戸籍上では旧字体や異体字だが、日常生活では新字体という人も多いからだ。もともと、名字の意味やルーツ的には、新旧字体の違いは全くない。

現在、「渡辺」は全国に広く分布しているが、どちらかといえば東日本に多い。全国で唯一山梨県では最多となっている他、関東では群馬県以外すべてベストテンに入っており、一七位の群馬県は関東では渡辺さんがあまり多くない。

県内では比較的まんべんなく分布しているが、とくに東毛に多い。館林市では第四位の名字で、人口比でも一％を超している。その他では、桐生市や玉村町にも多い。

ルーツ

「渡辺」さんのルーツは大阪市内の堂島地区。この辺りはかつては大阪湾に面した湊で、摂津国渡辺と呼ばれていた。「渡辺」とは「渡しの辺（あた）り」という

意味で、ここが渡辺一族のルーツの地である。

平安時代、嵯峨天皇の子孫である嵯峨源氏の一族がこの付近に住み、地名をとって渡辺党という武士団をつくったのが祖。この渡辺党の祖が大江山の酒呑童子を退治したことなどで有名な渡辺綱である。

こうした伝説的な始祖を持つ一族は、他の地方に移り住んでもあまり名字を変えずに「渡辺」を使用し続けたため、今では全国でも第五位になっている。

県内では、中世の沼田衆に渡辺氏があり、戦国時代は真田氏に従っている。

館林市細内町の渡辺家は、室町時代には古河公方足利家に仕えていた。同家の衰退に伴って細内で帰農し、江戸時代には館林藩から士分に取り立てられた。

東吾妻町須賀尾の渡辺家は渡辺綱の末裔で、代々修験者であった。江戸時代は同地の諏訪神社の神官となった。

著名人

映画「右門捕物帖」シリーズなどで三枚目を演じた俳優の渡辺篤は館林市の生まれ。黒沢明監督「生きる」「用心棒」などにも出演した。

プロ野球西武球団の元監督が桐生市出身で、前橋工出の渡辺久信。平成八年には対オリックス戦でノーヒットノーランも達成している。二十年に西武監督に就任、一年目で日本一となっている。

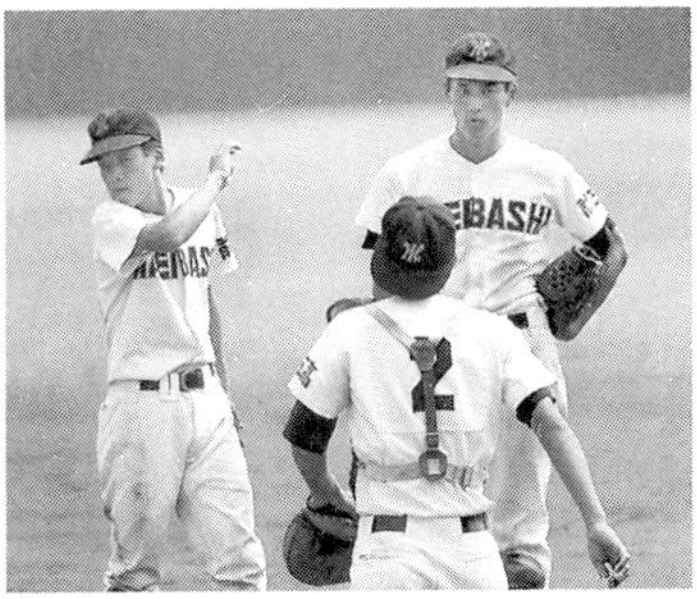

前橋工野球部時代の渡辺久信（1983年県大会決勝で）

18位
全国順位8位

中村

全国的に多いが、関東では少ない方

「中村」という名字の一番の特徴は、全国に広く分布していることだ。都道府県単位で最多となっているのは鹿児島県だけだが、全国二九の都道府県でベストテン入りしている。

さらに、本土とは全く名字の構成が違っている沖縄でも三八位となっているなど、ベスト五〇までに入っていないのは、山形県と福島県のわずかに二県のみである。一八位の群馬県では関東で少ない方だ。

県内では北毛と東毛に多く、東毛の邑楽町では第二位の名字で、人口比も一・五%近い。北毛では沼田市と川場村に多く、川場村では一・五%ほど。

●ルーツ

中村とは言葉通りの意味からいえば、「中央にある村」ということで方位由来の名字となる。

しかし、実際には位置的に中央にあるのではなく、その付近にあるいくつかの集落の中心地という意味合いの方が強い。そしてこの場合は「中村」という地名になっていることが多い。

従って、ルーツの地が各地にたくさんあることから、一般的には地名由来の名字に分類される。

県内では、中世の佐貫荘赤堀(伊勢崎市)に中村氏があった。

太田市の太田宿の旧家に中村家がある。天正十八年(一五九〇)に榊原康政が館林に入封した際に新田郡高尾村(太田市新田町）から移住したという。以後代々名主をつとめた。

また、太田市沖之郷の中村家は、戦国時代の横瀬氏の家臣の末裔と伝える。

幕末の伊勢崎藩家老にも中村家があった。

著名人

日本文化史研究の中村孝也は高崎市の生まれ。著書に学士院賞を受賞した『徳川家康文書』などがある。

竹山道雄の小説「ビルマの竪琴」の主人公・水島上等兵のモデルとされるのが、旧松井田町出身で昭和村の雲昌寺住職中村一雄。平成十年日本とミャンマー双方の戦時中の死者を供養するために、私財を投じてミャンマーに慰霊塔を建立した。

瀬古利彦とともにヱスビー食品に所属して日本長距離を牽引（けんいん）した中村孝生は高崎市の生まれ。前橋工二年のときにインターハイで一年上の瀬古を破って優勝、三年では一五〇〇メートルと五〇〇〇メートルで二冠を獲得。日体大では箱根駅伝で活躍した。モスクワ五輪幻の代表の一人。

なお、明治二十四年から群馬県知事をつとめた中村元雄は大分県の生まれ、前橋育英学園創設者の中村有三は兵庫県の生まれである。

ビルマ（現ミャンマー）で戦死者を供養する中村一雄（左）

19位
全国順位16位

松本

西日本に多く、県内は西部に集中

地形や風景に由来する名字の中には、「松」や「杉」「桜」など木のつく名字は多い。江戸時代以前の農村部では平屋が基本だったことから、木は格好の目印だったからだ。その中でも圧倒的に多いのが「松」のつく名字である。

これは、松が日本では最も一般的な木で日常生活になじみの深いものだったことに加えて、冬でも葉を落とさない松は、正月の松飾りにも使われるなど、「聖なる木」といった意味合いもあったと考えられる。

こうした「松」のつく名字の中で一番多いのが、「松の木のたもと」という意味の松本である。全国順位では第一六位で、全国三九都道府県でベスト一〇〇に入っている。

西日本中心の名字で、関西から北九州にかけてはベストテン入りしているところも多いが、東日本でベストテン入りしているのは栃木県のみで、全体的には二〇位前後のところが多い。

県内では県の西部に集中しており、嬬恋村では第六位の名字ながら、人口の三%以上を占める。東毛の明和町でも第四位と多い。

●ルーツ

戦国時代、甲斐武田氏に従っていた西上野衆に松本氏があった。甲斐国山梨郡松本村の出という。また、上杉氏に属した沼田衆にも松本氏があった。

高崎市吉井町馬庭の松本家は、清和源氏伊那氏の一族という。江戸時代は代々善兵衛を称して名主をつとめた。

安中市の松井田宿の上の本陣をつとめた松本家の祖は武田信玄に仕えていたという。慶長年間に松井田宿が成立したときから名主をつとめ、寛永年間からは本陣と問屋もつとめた。

高崎市箕郷町和田山の松本家は桓武平氏で、和田義盛の末裔と伝える。和田氏滅亡後和田山に逃れ、戦国時代は長野氏に属していた。江戸時代に和田山で帰農し、江戸時代には名字帯刀を許されていた。

著名人

足尾鉱毒事件の現地指導者松本英一は板倉町の生まれ。一〇歳から鉱毒反対運動に入り、のち自宅を反対運動の事務所として提供した。代々名主をつとめる家で、父の四郎三郎も県議をつとめている。

戦前を代表する心理学者の一人松本亦太郎は、高崎藩士の飯野家に生まれ、倉賀野の旧家松本家の養子となった。エール大学で実験心理学を学び、日本における実験心理学の創始者といわれる。

近年では、昭和五十三年の高校野球選抜大会で史上初の完全試合を達成した、前橋高の松本稔投手が有名。伊勢崎市の生まれで、のちに前橋高・中央高の監督としても甲子園に出場している。平成二十四年のロンドン五輪レスリング男子グレコローマン六〇キロ級で銅メダルを獲得した松本隆太郎は千代田町の生まれである。

ロンドン五輪で銅メダルを獲得した松本隆太郎

20位
全国順位300位

金井

群馬県が最多、県中央部に多い

第二〇位の「金井」も全国順位は三〇〇位と低い。関東・信越地区に集中しており、第二〇位に入っている群馬県は全国最多。ベスト一〇〇に入っているのも他には長野県だけで、群馬県を中心に分布しているといってもよい。関東・信越地区以外には少なく、東北北部や四国ではむしろ珍しい名字といえる。

県内では、前橋市・高崎市を中心に県の中央部に多く、榛東村では七位に入り、人口比も二％に近い。その他、昭和村にも集中している。

ルーツ

金井一族のルーツとしては上野国新田郡金井(太田市新田町金井)が有名で、ここをルーツとする金井氏は清和源氏新田氏の庶流岩松氏の一族。室町時代には岩松氏の重臣であった。戦国時代には横瀬氏に属している。

戦国時代には倉賀野城主に金井淡路守がいた。武蔵七党の一つ児玉党の出で、名は高勝(秀勝とも)。武田氏を経て北条氏に従い、のち倉賀野氏と改称した。

伊勢崎市境町島村の豪農金井家はこの末裔と伝える。幕末の南画家烏洲(うじゅう)は金井家の次男で、頼山陽、梁川星巌らとも交わった。弟子に田崎草雲がいる。烏洲の四男が明治の書家・金井之恭(ゆきやす)。元治元年(一八六四)の天狗党事件の際に太田で武田耕雲斎と藤田小四郎に会って討幕を試みた。維新後は新政府に出仕、貴族院議員をつとめた。之恭の次男秋蘋は漢詩人、烏洲の弟の研香(毛山)も画家として知られる。

伊勢崎市馬見塚町の金井家も岩松氏の末裔という。また伊勢崎藩士にも金井家があり、同族か。

安中市の板鼻上宿の金井家の祖は金井淡路守高勝と伝える。江戸時代は代々板鼻宿の年寄役をつとめた。維新後、方平は県議会議員や板鼻町長などをつとめている。

安中市松井田町の、坂本宿と松井田宿の本陣にも金井家があり、ともに金井淡路守の末裔という。

榛東村広馬場の金井家は、桓武平氏で三浦氏の末裔という。

●著名人

明治時代に衆議院議員をつとめた金井貢は、埼玉県熊谷市の吉田家に生まれて、太田市尾島町の酒造業金井家を継いだ。大正時代には尾島町長もつとめている。

放送作家金井敬三は前橋市の生まれ。阪大工学部卒の海軍技術大尉だったが、戦後放送作家に転じ、NHK「日曜娯楽版」「ちえのポスト」などを担当した。

詩人・小説家の金井美恵子は高崎市の生まれ。高崎女子高卒業まもない一九歳で文壇にデビューした。

昭和五十九年のロス五輪一万メートルで七位に入り、のちにマラソンに転向して将来を嘱望されながら三〇歳で交通事故死した金井豊は沼田高の出である。

江戸時代の画家・金井烏洲作「紙本淡彩藤橋龍渡之図」

21位
全国順位41位

青木

全国に広く分布、関東・長野に多い

「青木」は地名由来の名字。ただし青木という地名はたいへん多いことから、いろいろな場所から青木さんが生まれており、全国に分布している。

　各地から生まれた青木一族のうち、最も有名なのは埼玉県飯能市の地名をルーツとする青木氏だろう。

　飯能の青木氏は、武蔵七党の一つ丹党と呼ばれた集団に属していた。「丹党」とは秩父地方を中心に広がる血縁武士団で、それぞれ住んでいる土地を名字として活躍した。この中に、飯能市青木を本拠とする一族があり、「青木」を名字として名乗っていた。江戸時代の摂津麻田藩主の青木家はこの末裔と伝えている。

　ルーツが各地にあることから、全国に広く分布しているが、比較的関東と長野県に多く、九州や東北北部には少ない。中でも一番多いのが栃木県で、第一一位の名字となっている。群馬県も二一位と青木さんの多い県である。

　県内では、南牧村と甘楽町に多く、ともにベストテンに入っている。

　勢多郡津久田村(渋川市赤城町)には豪農の青木家があった。甲斐源氏の一族といい、江戸中期の常右衛門は漢学者、その子如園は国学者としても知られる。

　近年では、バイク界で有名な宣篤・拓磨・治親の青木三兄弟が渋川市の旧子持村の出身である。

22位
全国順位10位

加藤

元は加賀に住んだ藤原さん

「加藤」は、「佐藤」や「斎藤」と同じく藤原氏の末裔が名乗った名字。

「加藤」の「加」は「加賀」の「加」。つまり、「加藤」とは、加賀国(石川県)に住んだ藤原さん、という意味なのだ。

加賀に住んだ藤原さんにもいくつかの流れがあるが、藤原北家利仁流の斎藤氏の末裔というものが多い。藤原利仁から七代目にあたる景通(道)が加賀介となって、「加藤」と名乗ったのが祖。

「加藤」も東日本の名字で、最も集中しているのは東海地方。中でも、愛知県と岐阜県の県境付近には非常に多い。

なぜ北陸よりも東海に多いかというと、景通の子の景員(清)が伊勢国(三重県)に転じたからだ。さらに、景員の次男景廉の子孫は美濃国(岐阜県)で広がり、加藤氏は東海地方で大繁栄した。

実際、歴史上に登場する加藤氏は、美濃の加藤氏の末裔と伝えているものが多い。

県内では昭和村に集中している他、甘楽町にも多い。

江戸時代は、沼田藩家老に加藤家があった。祖勘右衛門重玄は加賀国の出で、徳川家康の命で土岐定政に仕え、のち家老となった。以後代々勘右衛門を称して家老をつとめた。

ダイワボウ(大和紡績)の創立者で参議院議員もつとめた加藤正人は館林藩士の出。

23位
全国順位243位

萩原

全国では群馬が最高順位

関東地方に多い名字で、とくに群馬県に集中しており、二三位は全国の最高順位。県内では、旧北橘村(渋川市)で最多の名字だった他、現在でも、利根郡片品村で第二位、長野原町では第三位の名字となっている。

ルーツとなった萩原地名は全国各地にある。県内では上野国群馬郡萩原村(高崎市萩原町)がルーツと思われ、戦国時代、同地に萩原一族がいたことが知られている。

北橘村の萩原家は、木曽義仲の遺臣の末裔と伝える。また、長野原町の萩原家は町内の地名がルーツといい、江戸時代は代々名主をつとめていた。

なお、萩原とは植物のハギ(萩)の茂っていた原という意味の他に、崖地を意味する「ハギ」に「萩」という漢字をあてたものもあるとみられる。

ちなみに、二三位にランクしているのは「はぎわら」のみで、「はぎはら」と読むものは含まない。とはいっても、県内では九八%が「はぎわら」と読む。なお、山梨県では八割近くが「はぎはら」と読む他、大阪府、鹿児島県、岡山県などでも「はぎはら」の方が多い。

詩人萩原朔太郎は前橋市千代田町の生まれ。長女の葉子は小説家、孫の朔美もエッセイストとして知られる。アナキズム系の詩人萩原恭次郎も前橋市の生まれ。郷土史家の萩原進は長野原町の生まれ。

24位
全国順位253位

飯塚

埼玉、茨城、群馬三県に多い

地形由来の名字。飯塚とは盛り上がった地形を指すといわれ各地にあるが、とくに埼玉県・群馬県・茨城県の三県に多い。全国順位は二五三位と低く、群馬県の二四位は全国最高。西日本では島根県出雲市付近に多く、同県が西日本で唯一ベスト一〇〇にも入っている。

県内では渋川市付近と藤岡市付近に集中しており、高山村では二位、渋川市で四位、神流町で五位に入っている。

中世には、上野国緑野(みどの)郡の国衆に飯塚氏がいた。同郡北谷郷(藤岡市)を本拠とした北谷衆の筆頭。琴辻の飯塚家墓地には永正四年(一五〇七)銘・同六年銘などの五輪塔などがある。戦国時代、飯塚和泉守は武田氏家臣の長井政実に従っていた。江戸時代は代々三波川村(藤岡市鬼石町)の名主をつとめ、子孫は明治以降も地方政治家を歴任した。同家文書八九九通は平成二七年(二〇一五)群馬県重要文化財に指定された。

群馬郡村上村(渋川市小野上町)の旧家に飯塚家があった。陸奥の佐藤継信の末裔と伝え、江戸時代には代々名主をつとめた。昭和天皇の皇太子時代に動物学を進講した飯塚啓学習院大学教授は末裔。

この他、桐生市の賀茂神社の神官にも飯塚家があった。

江戸時代中期の桐生の縮緬(ちりめん)織りの元祖と言われる飯塚兵助は山田郡広沢村(桐生市)の生まれ。

25位
全国順位14位

山口

都道府県名と同じ苗字として最多

都道府県名と同じ名字は、北海道・京都・愛媛・沖縄を除く四三種類が実在している。その中で最も数が多いのが「山口」である。しかし、山口という名字と山口県は、それほど深い関係はない。というのも、「山口」とは山への入り口を指す一般的な言葉のため、各地に山口という地名があるからだ。そのため、山口さんのルーツは全国各地にあるといっていい。

現在、山口は全国にまんべんなく分布している。佐賀県と長崎県では最多となっているのをはじめ、沖縄県と高知県を除く四五都道府県でベスト一〇〇に入っている。県内でも広く分布しており、草津町では人口三%以上を占めて最多となっている他、長野原町や藤岡市でもベストテン入りしている。

中世、吾妻郡の在地武士に山口氏がおり、真田氏に属していた。

群馬郡箕輪村(高崎市箕郷町)に旧家の山口家がある。周防国山口(山口県)の出で大内氏の一族といい、戦国時代に移り住んで、江戸時代は代々名主を世襲した。高崎シティギャラリーにある壁画『朝・昼・晩』を描いた洋画家山口薫は末裔。中之条町の山口家も大内氏の末裔と伝える。

社会党書記長をつとめ、村山内閣では総務庁長官となった山口鶴男は草津町の生まれ。元サッカー日本代表山口素弘は高崎市の生まれ。

26位

全国順位37位

石井

発祥は関東、東日本に多い

「井」とは泉や川などで水を汲んだ場所や、用水路を指す。つまり、「石井」とは、「石の多い水汲場や用水路」を意味する地形に由来する名字である。

また、こうした場所に由来する「石井」という地名も各地にあり、これらに住んだことで「石井」を名乗ったものも多い。

戦国時代、安芸国（広島県）に小大名の石井氏があった。同国石井（府中町）発祥で、南北朝時代から代々石井城に居城していた。

九州では、肥前石井氏と、大隅石井氏の二流が知られているが、ともに発祥地は関東である。

現在、「石井」は東日本に多く、千葉県ではベストテンにも入っているなど、とくに南関東に多い。二六位の群馬県も「石井」さんの多い県の一つ。

県内では、富岡市付近と昭和村に集中しており、南牧村で五位、昭和村で七位となっている。

館林市赤羽田の旧家の石井家は楠木正成の遺臣の末裔と伝える。

富岡市宇田の旧家の石井家は、桓武平氏三浦氏の一族で、鎌倉の松葉谷石井郷に住んだのが由来という。江戸時代は代々宇田村の名主をつとめた。

五期二〇年にわたって前橋市長をつとめた石井繁丸は同市野中町の生まれ。衆議院議員から昭和三十三年に前橋市長に転じた。

27位
全国順位33位

岡田

関西・中国・四国に多く、県内広く分布

岡田という地名は全国各地にたくさんある。そして、そこをルーツとする地名由来の名字としての「岡田」が各地にある。

「岡」とは周辺よりやや高い場所を意味する言葉で、そうした場所にある水田を指して「岡田」といったのがルーツ。岡田はこうした場所から生まれた地形由来の名字でもある。

現在は、沖縄県以外に広く分布するが、東北北部や鹿児島県にはやや少ない。

一方、関西・中国・四国には非常に多く、広島県ではベストテンにも入っている他、ほとんどの府県でベスト三〇に入る。

県内では、南西部を除いて広く分布しており、とくに集中している地域はないが、高崎市や太田市、板倉町に多い。

太田市吉沢に旧家の岡田家がある。小野篁（おののたかむら）の末裔といい、前九年の役で功をあげて吉沢の地を与えられたと伝える。江戸時代は吉沢村の名主をつとめた。

多くの大衆作家を育てた、戦前の雑誌『講談倶楽部』の名編集長、岡田貞三郎は伊勢崎市の生まれ。

萩原朔太郎に師事した詩人の岡田刀水士（とみじ）は前橋市若宮町の生まれ。詩誌「軌道」を主宰した。

28位

全国順位185位

須藤

安中・片品に集中、太田にも多い

二八位の「須藤」も、「佐藤」や「斎藤」と同じく下に「藤」がついていることでわかるように、藤原氏の一族の末裔。

「須藤」の「須」は下野国那須の「須」である。つまり、栃木県の那須地区に住んだ藤原氏の一族が、那須の「須」と藤原氏の「原」をつなげて名乗ったもので、現在でも北関東から東北にかけて集中している。

読み方は「すどう」と「すとう」の二種類あるが、本書では清濁の違いのみは同じ名字としているため、二八位の「須藤」は「すとう」と「すどう」の両方を含んでいる。実際、県内では「すとう」「すどう」ともに多い。

現在は安中市と片品村に集中しており、安中市では四位、片品村では八位となっている。その他では太田市にも多い。

安中市の中山道安中宿に旧家の須藤家がある。戦国時代、須藤安房守は上間仁田(かみまにた)村に住んで武田氏、上杉氏、北条氏などに仕え、北条氏の滅亡後安中に移住して本陣と問屋をつとめるようになったという。「須藤家文書」は横浜開港資料館に収蔵されている。

大正から昭和初期にかけて活躍した歌人須藤泰一郎は、前橋市の旧粕川村の生まれ。終生赤城山を愛したことで知られ、赤城山を詠んだ短歌を数多く発表した。

29位
全国順位75位

今井

木曽義仲四天王の末裔も

「今井」は京都から東に向かって、滋賀・岐阜・長野を通り、群馬・新潟に至る一本の道のように集中している。最も多いのは岐阜県で、特に下呂市付近に集中している。県内では南西部に集中しており、上野村では一割近くが今井さん。南牧村・下仁田町・富岡市でベストテンに入っている。

今井の「今」は「新しい」という意味。「井」は井戸だけではなく、水を汲む場所や用水路などを広く指す言葉だ。「今井」とは、新しくできた「井」のこと。名字としては「新井」という同じ場所をルーツとしている。

全国的にみると、木曽義仲の四天王の一人今井四郎兼平を祖とする一族が著名。兼平は、中原兼遠の四男で、信濃国佐久郡今井（長野県佐久市）に住んで今井を名乗った。妹の巴とともに木曽義仲に従い、その重臣として勇名を轟かせた。義仲の自害を見届け、自刃した。その後一族の多くは各地に移ったという。沼田市今井や、北橘村下箱田の今井家はこの末裔と伝える。北橘村の今井家は、代々善兵衛を称した。民俗学者今井善一郎も一族。

新田氏の一族にも今井氏がある。新田政氏の子惟氏が祖とも、その子惟義が祖ともいい、新田荘今井郷がルーツ。太田市鳥山の旧家の今井家はこの末裔で、代々十右衛門を称して名主をつとめた。

30位
全国順位91位

桜井

安中・藤岡・高崎に集中

「桜井」のルーツは地名。各地に「桜井」地名があり、そこから多くの「桜井」さんが誕生した。水汲み場や用水路の近くには桜が植えられることが多かったのだろう。全国的には、関東から東北南部にかけて集中しており、とくに群馬・茨城・宮城の三県に多い。県内では、西毛地区一帯に広がり、とくに安中市・藤岡市・高崎市に集中している。なお、三〇位という順位は、旧字の「櫻井」も含んでいる。

中世、東毛地方に桜井氏がいた。鎌倉末期から活動が知られ、戦国時代には武蔵・常陸にも進出、のち北条氏に属した。

江戸時代、高崎城下に松屋と号した呉服商の桜井家があり、代々伊兵衛を称していた。四代目伊兵衛は第一回貴族院多額納税議員に選ばれ、五代目は政治家・実業家として活躍した。

下仁田町の桜井家は藤原姓で、信濃国佐久郡桜井村に住んで桜井氏を称したという。代々源五右衛門を称した。

長野原町の浅間酒造の経営家が桜井家である。村上源氏の末裔で、源頼朝から信濃国桜井新田を与えられたのが祖という。維新後は一族四人が長野原町長をつとめ、桜井伝次は草津温泉にホテル桜井も創業した。

ちなみにアイドルグループ嵐の桜井翔の父としても知られる元総務事務次官桜井俊は前橋市の出身である。

31位
全国順位23位

阿部

東北から北関東に集中、県内では北毛に

「あべ」と読む名字には、他にも「阿倍」「安倍」「安部」などいろいろあるが、もとはすべて同じと考えられる。漢字の伝来以前からある「あべ」氏に対してあとから漢字をあてた際に、いろいろなパターンができものだ。

古代では「阿倍」と書く氏族が栄え、平安時代に陰陽師の安倍清明が出て以降は「安倍」が主流となった。江戸時代には徳川家の重臣だった「阿部」氏が栄え、以降「あべ」は「阿部」で代表されることが多い。現在でも「阿部」が全国順位二三位と一番多く、東北から北関東にかけて集中している。

「あべ」一族のルーツは奈良県桜井市の地名。孝元天皇の子孫と伝え、大和朝廷内で北陸・東国経営に大きく関わって「あべ」一族は東日本に栄えた。

県内では北毛に集中しており、みなかみ町、沼田市、高山村に多い。旧水上町では最多の名字だった。

みなかみ町湯檜曽（ゆびそ）に旧家の阿部家があり、陸奥安倍氏の一族の末裔と伝える。代々尾瀬に住んでいたが、足利義教に敗れて湯檜曽に落ちて同地を開発したといい、江戸時代は代々名主や村役人をつとめた。水上村長・群馬県議などをつとめた阿部一美は一族。

藤岡市鬼石町坂原の阿部家やみなかみ町の旧新治村の阿部家も陸奥安倍氏の末裔という。

32位
全国順位19位

林

昭和村、旧新治村では最多

「林」のルーツは地形で、文字通り木の茂っている所が発祥地。全国至るところに林があったため、各地から生まれた。現在は、富山県で第二位、岐阜県で第四位となっているなど、北陸から東海地方にかけて多い。

林のルーツは各地にあるが、加賀国石川郡拝師郷（はやしごう）(石川県野々市市（ののいちし）付近)をルーツとする林氏が全国的に著名。この林氏は、藤原北家利仁流の斎藤氏の一族が拝師郷に住んで名乗ったもので、室町時代に編纂された『尊卑文脈』にも掲載されている。加賀斎藤氏の主要一族でもあり、在庁官人(地方官僚)として「介」の職を世襲した。子孫は加賀一帯に広がり、「大桑」「安田」「横江」「飯川」「広岡」など、多くの分家を出している。

県内では北毛に集中しており、昭和村では最多の名字。また、みなかみ町の旧新治村でも最多となっていた。現在でも、みなかみ町では第二位である。

藤原北家秀郷流の淵名兼行の子行房は勢多郡赤城村・北橘村付近を開発して拝志荘とし、林六郎を称した。

戦国時代は北毛に林氏がいた。赤見氏とともに北条氏に属している。また、由良氏の家臣にも林氏があった。

館林藩の重臣に林家があった。幕末の悟斎は中老をつとめている。

33位
全国順位191位

栗原

全国では群馬・埼玉が最高順位

関東地方の名字で、埼玉県から群馬県東部にかけて多い。関東では神奈川県以外すべて一〇〇位以内である一方、関東以外では二〇〇位までに入っているのは広島県のみ。三三位という順位は埼玉県とともに全国最高順位である。

県内では東毛に集中している。伊勢崎市で四位、千代田町で五位となっており、千代田町では人口の二%を超える。また、太田市の旧新田町では第二位の名字だった。

古代豪族の栗原氏は美濃国不破郡栗原(岐阜県不破郡垂井町栗原)にちなむ。百済系の渡来人といわれる。

甲斐国山梨郡栗原(山梨県山梨市)がルーツの栗原氏は清和源氏武田氏の一族。武田信成の子武続が栗原氏を称した。

県内では中世、新田氏や由良氏の家臣に栗原氏がいた。

伊勢崎市境島村の栗原家は甲斐武田氏の一族の末裔という。江戸時代には養蚕を営んでいた。児童文学者栗原長治は一族。

伊勢崎城下には、伊勢崎藩酒井家御用達の栗原家があった。代々延右衛門を称した。

戦後、社会党から衆参両院議員をつとめた栗原俊夫は藤岡市の生まれである。

34位
全国順位17位

井上

県内に広く分布、特に沼田・片品に集中

井上の「井」は水汲み場や用水路のこと。江戸時代以前は川や池で水を汲んだ。また、水田に水を引く用水は室町時代ごろから造られている。こうした場所は当然周囲より低い場所にあり、その周辺の人家は「井」の上にあるため、井上という名字が生まれた。水汲み場や用水路は全国各地にあったことから、井上のルーツも各地にある。それらの中で最も名家として知られるのが、信濃国高井郡井上（長野県須坂市）をルーツとする、清和源氏頼信流の一族である。

県内では広く分布しているが、比較的北毛に多く、沼田市や片品村に集中している。

沼田藩土岐家の家老に井上家があった。信濃国の出といい、信濃井上氏の一族か。代々九左衛門を称した。祖正祇(まさただ)は徳川家康に仕えて土岐定政につけられ、のち家老となった。

伊勢崎市境の井上家は信濃井上氏の末裔という。戦国時代に井上城が落城したのち、井上出羽守が移り住んだ。江戸時代は医家となって陸奥泉藩に仕えていたが、のち帰郷して医師となった。沼田市の旧利根村平川の旧家の井上家も信濃井上の出と伝える。代々名主や村役人をつとめた。

「チューリップ」「うみ」など、多くの童謡・唱歌をつくった作曲家の井上武士は前橋市の生まれ、戦前の右翼指導者井上日召は川場村の生まれである。

35位
全国順位6位

伊藤

関東では低い順位、県内に広く分布

「伊藤」は「佐藤」などと同じく藤原一族の末裔。「佐藤」の「佐」は、左衛門尉という役職や、佐野・佐渡といった地名に由来していたが(→38ページ参照)、「伊藤」の「伊」は「伊勢国」に由来している。

平安時代、藤原秀郷の子孫である尾藤基景が伊勢守となって伊勢国に住み、「伊勢」の「伊」と、「藤原」の「藤」を組み合わせて名乗ったのが祖。以後伊勢を本拠として平氏に仕え、やがて各地に広がっていった。

そのため、現在でも、伊藤さんは旧伊勢国である三重県北部に非常に多く、ここから、愛知や岐阜にかけて集中している。

関東では二〇位以内のところが多く、三五位という順位は関東では最も低いものだ。県内では全域に広く分布しており、とくに集中している市町村はない。

渋川市行幸田の伊藤家の祖は、室町時代は白井城主長尾氏に仕えていた伊藤左京進重之という。のち行幸田に土着して江戸時代は代々名主をつとめた。

詩人伊藤信吉は前橋市の生まれ。戦後は詩を中心とした文芸評論家としても活躍した。社会党の参議院議員をつとめた伊藤顕道も前橋市の生まれ。

36位
全国順位187位

大沢

本県が全国最高順位。みどり・桐生市に多い

「大きな沢」という意味の地形由来の名字で、旧字体を使用した「大澤」も含んでいる。各地にあるが、とくに埼玉県北部から群馬県にかけてと、岩手県久慈市付近、長野県松本市などに集中している。

三六位という順位は全国最高で、五〇位以内に入っているのも群馬県以外には隣の埼玉県のみ。県内では東毛に集中しており、みどり市と桐生市に多い。みどり市の旧笠懸町では第五位の名字だった。

歴史上最も有名な大沢一族は、江戸時代に高家をつとめた大沢家。丹波国の出で藤原北家の公家持明院家の一族という。戦国時代は今川氏真に属し、江戸時代は三五五六石の旗本となった。明治元年基寿の時に一万六石と詐称、堀江藩として立藩したが、のちに石高の詐称が発覚して取り消されている。

中世、新田荘に大沢氏があった。藤原北家秀郷流という。戦国時代の由良氏の重臣だった大沢氏はこの子孫。家老として活躍した大沢下総守がいる。笠懸町鹿の大沢家は下総守の末裔と伝える。

伊勢崎城下で名主や年寄もつとめた旧家の大沢家や、太田市牛沢の旧家の大沢家も由良氏の家臣の末裔と伝える。

江戸中期の国学者大沢政勝も由良氏家臣の末裔。

37位
全国順位44位

福田

県内は下仁田・中之条・吉岡に多い

「福田」は地名や地形から生まれた名字。湿地を意味する「ふけた」から変化したといわれている他、「福をもたらす田」という意味で名付けられたものも多い。全国各地に広く分布するが、北関東、山陰、九州北部に多く、とくに栃木県に集中している。群馬県も福田の多い県の一つで、県内では、下仁田町、中之条町、吉岡町に多い。

戦国時代、西毛の武士に福田氏がいた。また、松井田城主大道寺政繁の重臣に福田氏があり、箕輪城の長野氏の一族という。

安中市板鼻の福田家は清和源氏で、戦国時代福田信義は武田氏に仕えていた。武田氏滅亡後、信義の子信成は北条氏の板鼻城代となり、北条氏の滅亡で板鼻で帰農した。江戸時代は代々脇本陣をつとめた「下の福田」と、代々名主・問屋をつとめた「上の福田」の二家に分かれた。

中之条町の沢渡温泉には、代々六右衛門を称して湯宿を経営し名主もつとめた福田家と、湯宿の傍ら医師をつとめた福田家がある。医家の宗禎は高野長英に学んだ蘭方医でもある。

昭和五十一年から総理大臣をつとめた福田赳夫は高崎市の旧群馬町の生まれ。父善治、祖父幸助も旧金古町長をつとめた政治家一家で、長男康夫も平成十九年に総理大臣となった。その長男達夫も衆議院議員。また、赳夫の弟の宏一も参議院議員をつとめた。

38位

全国順位461位

根岸

全国順位低いが、群馬に集中

三八位の「根岸」は全国順位が四六一位とかなり低い。これは、群馬県が全国的にも「根岸」さんの集中している県であることを示している。ルーツは地形で、山の麓に沿った場所を「根岸」といったことに由来する。関東地方には地名も多い。

現在も全国半数以上が関東にある。とくに埼玉県北部から群馬県南部に集中しており、県内では伊勢崎市の旧東村や邑楽郡板倉町で第二位の名字である。

埼玉県では本庄市から児玉郡にかけて非常に多く、本庄市の旧児玉町では最多の名字だった。

戦国時代、武士(たけし)城(伊勢崎市境)の城主に根岸三河守がおり、由良氏の重臣だった。

江戸時代は、高崎城下に高崎藩御用達の根岸家があった。柴崎村の名主をつとめ、名字帯刀も許されていた。維新後は県議や衆議院議員を歴任している。

吉井藩の御用達商人に穀屋と号した根岸家があった。幕末の清左衛門は横浜に店を出して外国貿易を行い、中居屋重兵衛と並び称せられた。

安中藩の剣術師範に根岸家があった。幕末の松齢が有名で維新後は県議もつとめている。

館林藩の重臣にも根岸家がある。幕末の鉄次郎は中老に抜擢され、軍を率いて官軍として活躍、維新後は館林藩参政となった。

39位

全国順位25位

橋本

全国に広く分布、県内は東毛に集中

「橋本」は全国四一県でベスト一〇〇に入っているなど、鹿児島県と沖縄県を除いて全国に広く分布している。しかし、このうちでベストテンに入っているのは一〇位の福島県だけ。

県内では東毛に集中しており、邑楽町で五位、千代田町では七位に入っている他、館林市にも多い。

橋本の由来は各地の橋本という地名だが、それ以外にも「橋のたもと」の意味で各地にみられる。というのも、橋は今のようにありふれたものではなく、昔はかなり目立つ建造物だったからだ。江戸時代でも、江戸や大坂・京都、名古屋など大都市を除いては、川には橋はあまり架かっておらず、渡し船で渡るのが普通だった。

そのため、橋というだけで場所を特定することができたことから、橋のつく名字はたくさんある。その中でも一番多いのが橋本である。

県内では、日光例幣使街道太田宿(太田市)の旧家に橋本家がある。楠木正成の叔父正玄の末裔と伝え、天正十八年(一五九〇)に榊原康政から本陣に取り立てられたという。代々金左衛門と称した。

近年では、水産庁で魚群探知機を開発した橋本富寿が太田市尾島町の生まれ。のち芝浦工大理事長もつとめた。

40・41位

全国順位760位
685位

茂木（もてぎ）茂木（もぎ）

読み方の違いは別の名字

第四〇位と第四一位は、ともに「茂木」。ただし読み方が違い、四〇位が「もてぎ」で、四一位が「もぎ」である。両方合わせると一三位あたりに相当するが、本書では読み方の違いは別の名字としているため、四〇位と四一位に分かれる。なお、清濁の違いは同じとしているため、四〇位は「もぎ」と「もき」、四一位は「もてぎ」と「もてき」を合わせたものとなっている。

全国順位は「もてぎ」が七六〇位、「もぎ」が六八五位と低く、群馬県を代表する名字の一つといえる。

ルーツはいずれも同じで、ともに下野国芳賀郡茂木（栃木県芳賀郡茂木町）。この地名は「もてぎ」と読むので、「茂木」は「もてぎ」が本来の読み方だ。しかし、難読のために「茂（も）」「木（き）」という漢字の読み方に従って「もぎ」と変化した。

茂木一族は、藤原北家の八田知家の三男知基が茂木に住んで茂木氏を称したのが祖。鎌倉時代は御家人となり、南北朝時代は北朝に属した。戦国時代に佐竹氏に従い、関ヶ原合戦後、嫡流はその出羽移封に伴って仙北郡横手（秋田県）に移って江戸時代は秋田藩士となった。そのため、現在でも秋田県には「茂木」が多く、「もてぎ」と読む。

一族に信濃国小県郡の茂木氏がある。知基は源実朝から小県郡依田郷内の五村（長野県上田市）の地頭に補任され、子知宣が領した。

現在では栃木県よりも、群馬県東部から埼玉県北部にかけてや茨城県南部の地域の方が多い。

また、群馬県や埼玉県では「もてぎ」が過半数を占めるものの、関東南部では七割が読みやすい「もぎ」に変化し、千葉県野田市のキッコーマン創業家も「もぎ」と読む。関東以外では秋田県を除いて九割以上が「もぎ」で、全国を合計すると「もぎ」の方が多い。

県内では、高崎市・前橋市・伊勢崎市・沼田市では「もぎ」が多い一方、太田市・富岡市・安中市では「もてぎ」が多く、館林市や桐生市ではほぼ半数ずつと、地域によってばらばら。太田市の旧尾島町では「茂木（もてぎ）」が最多名字だった他、前橋市の旧大胡町でも「茂木（もてぎ）」が三位となっていた。

一方、「茂木（もぎ）」は渋川市の旧伊香保町と、東吾妻町の旧吾妻町で八位だったのが最高順位。

講談社社長として「女性自身」や「カッパブックス」を創刊した茂木（もてぎ）茂は太田市の生まれ。茂木英子安中市長は「もてぎ」と読む。

また、明治時代に横浜で実業家として成功した茂木（もぎ）惣兵衛は高崎市の生まれである。

42位
全国順位86位

大塚

関東や九州、県内は西毛に多い

「大塚」由来は地形とも地名ともいえる。大塚という地名は各地にあり、そこからいろいろな大塚氏が生まれた。「塚」とは人工的に地面が盛り上がっている場所を指す。「大塚」とは地面を大きく盛り上げたところなので、古墳を指すことが多いと言われている。

現在は、関東と九州に多く、なかでも栃木県では一六位に入っている。

県内では北毛以外に広く分布し、富岡市を中心に西毛に多い。富岡市では第九位の名字で、とくに旧妙義町では五位に入っていた。その他では邑楽町で七位に入っているなど、館林市付近にも多い。

中之条町には大塚地名があり、戦国時代にはここを本拠にするとみられる、在地武士がいた。

東吾妻町箱島の大塚家は宇多源氏佐々木氏の一族で、新田義貞の重臣だったが義貞の没後、中之条町大塚で帰農して大塚氏を称し、さらに箱島に転じたという。江戸時代は代々丈七を称して名主をつとめた。

千代田町舞木にも旧家の大塚家がある。戦国時代は金山城主由良氏の家臣で、江戸時代は代々半蔵を称して名主をつとめる傍ら、酒造業や回漕業も営んでいた。幕末に利根川の治水事業に取り組み、維新後は県議をつとめた五代目の半蔵が著名。

43位
全国順位7位

山本

北毛に集中、それ以外は館林

「山本」は「田中」とともに地形由来の名字を代表するものだ。「山のふもと」というのは、古来から人が好んで住んだ場所だった。今でも農村地帯に行くと、山の麓に一本の道があり、その両脇に人家が立ち並んでいることが多い。その場所こそが、山本さんのルーツだ。

また「山本」は西日本を代表する名字で、全国ランキングでも七位に入っているが、群馬県では四三位と低い。全国的にみても、「山本」が四〇位以下というのは、他には秋田県・鹿児島県・沖縄県しかなく、群馬県は全国的にみて「山本」さんの少ない県となっている。

県内では北毛地区に集中しており、中之条町の旧六合村では最多名字だった他、現在も草津町で第二位、中之条町で三位となっている。北毛以外では館林市にも多い。

県内で最も多い中之条町の旧六合村の山本家は木曽義仲の遺臣の末裔と伝えるものが多い。

草津温泉の山本家は六合村の山本家の一族ともいう。江戸後期には代々名主をつとめていた。明治十年ごろに山本与兵次が草津温泉の湯畑の前で旅館経営を始めたのが大東館の始まり。戦後、譲は大東館営の傍ら草津町長をつとめた。自民党の参議院議員をつとめた山本富雄はこの一族で、その長男が山本一太参議院議員である。

44位

全国順位408位

角田

全国ではさまざまな読み方

「角田」にはいろいろな読み方がある。最も多いのが「つのだ」で、四四位に入っているのも「つのだ」と読むもの。「つのだ」は群馬県を中心に関東地方に多く、とくに群馬県では「角田」の九八％が「つのだ」と読む。福島県や宮城県、愛知県などでも「つのだ」が過半数となっており、西日本では鳥取県と熊本県に集中している。

なお、東北北部や北陸では「かくだ」が過半数、中国地方では「すみだ」が多い他、四国や福岡県では「かどた」とも読み、地域によって読み方が異なる。県内でも東毛地区では「かくだ」とも読む。

県内では前橋市から利根郡にかけて集中しており、川場村では第二位の名字となっているほか、沼田市で六位、渋川市で八位となっている。なお、沼田市では旧白沢村、渋川市では旧伊香保町に多い。

戦国時代、吾妻郡の地侍に角田氏がいたことが知られている。

渋川市の旧赤城村津久田の角田家は木曽義仲の末裔で、伊豆国から移り住んだと伝える。江戸時代後期の書家角田無幻は、吉岡町の華蔵寺住職狩野家に生まれて、津久田の角田家の養子となったもの。光格天皇に自筆の千字文を奉ったことで知られる。戦前にコロンビア大学で米国初の日本文化研究所を設立した角田柳作も一族。

45位
全国順位315位

町田

秩父地方に集中、県内では前橋、吾妻

「町田」は地形や地名に由来する名字。「町」とは人口の多いところという意味ではなく、農家よりも商工業者の多いところを指す言葉だ。そういった場所にあった田が「町田」で、地名になっていることも多い。

関東地方に多く、とくに埼玉県秩父地方に集中している。飯能市の旧名栗村で最多名字となっていた他、秩父郡横瀬町や秩父市にも集中している。なお、四五位という順位は全国で最も高い。

県内では前橋市付近から吾妻郡にかけて多い。現行の市町村でベストテンに入っているのは九位の高山村だけだが、合併前では旧北橘村（渋川市）、藪塚本町（太田市）でもベストテン入りしていた。

上野国吾妻郡中之条（群馬県吾妻郡中之条町中之条）の旧家。江戸時代には代々重兵衛を称して名主をつとめ、文化年間（一八〇四～一八一七）には大総代をつとめた。維新後も大区長となり、明治十一年～二十年には屋敷が吾妻郡役所として使用された。同家の役宅兼住宅は国登録有形文化財である。

旧吾妻町小泉の町田家は源平合戦ころの落人の末裔という。

渋川市宿中之町に、代々清右衛門を称した茶商の町田家があった。維新後久太郎は渋川町長となり、その子三郎は衆議院議員や渋川市長を歴任した。

46位

全国順位34位

長谷川

奈良県がルーツ、中毛から東毛に分布

「長谷川」は誰でも「はせがわ」と読めるが、「長谷」を「はせ」と読むのはかなり特殊な読み方だ。

「長谷川」のルーツは、奈良県南部、桜井市の長谷寺付近。桜井から東に向かって一本の細長い谷が伸びている。この谷を流れているのが泊瀬(はつせ)川で、古代には大阪湾から川をさかのぼって来た船の最終的な船着き場があった。泊瀬とは、最後に船を停泊させるところ、という意味なのだ。

やがて、東西に長い地形から「泊瀬」は「長谷」とも書かれるようになった。そして、発音では真ん中の「つ」が落ちて、「はせ」と言われるようになり、次第に泊瀬川も長谷川と書かれた。

中世、この長谷川流域には武士団が生まれ、彼らは長谷川党と名乗っていた。旗本の長谷川家もその末裔で、ドラマで有名な「鬼平」こと長谷川平蔵もこの一族である。

現在、「長谷川」は四国・九州以外に広く分布しており、とくに新潟県に多い。

県内では中毛から東毛にかけて多い。とくに集中している市町村はないが、板倉町や邑楽町には多い。

沼田市に旧家の長谷川家がある。戦国時代の沼田万鬼斎[ばんきさい]の家臣の末裔と伝える。

また、高崎市吉井町小串の長谷川家は旗本長谷川家の一族という。

47位
全国順位255位

田島

県南、埼北、栃木西部に集中

各地の地名に由来する名字。関東と九州に多く、とくに埼玉県北部から群馬県南部、栃木県西部にかけて集中している。ベスト五〇に入っているのは、全国で群馬県だけ。この地域の「田島」のルーツは上野国新田郡新田荘田島郷（太田市）。室町時代の横瀬氏の家臣に田島（嶋）氏がいたことが知られている。

伊勢崎市境島村の田島家は清和源氏新田氏の一族で、岩松時兼の庶子又太郎経国が田島郷に住んで田島氏を称したのが祖という。明治時代の養蚕研究家田島弥平や、戦後の遺伝学者田島弥太郎は島村の生まれ。

県内ではやはり伊勢崎市の旧境町に多く、最多名字となっていた。現在の伊勢崎市でも八位に入る他、千代田町や安中市にも多い。

この他にも、勢多郡田島（前橋市）、邑楽郡田島（明和町）、甘楽郡田島（富岡市）などの地名があり、これらをルーツとする田島氏もあると思われる。

安中市下秋間字相水の田島家は壇ノ浦合戦で敗れた平清盛の叔父久盛の末裔と伝える。江戸時代は代々伊藤兵衛を称して名主をつとめた。

石油製品などの販売大手ミツウロコの創業者田島達策は藤岡市の生まれ。衆議院議員をつとめたこともある。

48位
全国順位27位

石川

関東・東北南部、東毛から中毛に多い

「石川」は地名由来の名字。石川という地名は全国各地にあり、石川という名字も各地の地名から生まれている。

古いところでは、古代豪族蘇我氏の一族に石川氏がある。蘇我一族は大化の改新で中大兄皇子(のちの天智天皇)らによって滅ぼされたが、それでもわずかに生き残った一族があり、その後石川氏に改姓した。この石川は大和国の石川にちなむとも、河内国石川郡によるともいわれ、はっきりしない。

河内国石川郡からは、清和源氏の石川氏も出ている。上野国山田郡で五〇〇石を知行していた石川家はこの末裔。また、太田市内ケ島の旧家の石川家もこの末裔と伝える。戦国時代は小田原の北条氏に仕え、江戸時代は帰農して代々内ケ島村の名主をつとめた。

現在は三二都道府県でベスト一〇〇に入っているなど、沖縄も含めて全国に広く分布している。とくに関東から東北南部にかけて多く、栃木県では第八位とベストテンにも入っている。四八位の群馬県は、関東では最も低い順位である。

県内では東毛から中毛にかけて多く、板倉町では第八位の名字となっている。館林市や明和町にも多い。

伊勢崎市連取にも旧家の石川家がある。代々善右衛門を称して連取村の名主をつとめた。

49位
全国順位124位

久保田

東毛地域に集中、大泉では第三位

四九位の「久保田」は、漢字からでは由来がわかりづらい。漢字はあとからあてることも多く、漢字の意味ばかり気にしていると、由来を見失うことがある。「くぼた」とは、「くぼんだ土地」=「低い土地」にある田んぼ、という意味。つまり、「窪田」と同じく低い土地にある水田がルーツ。縁起をかついで、漢字を「久しく保つ」という縁起のよいものにしたものだ。

現在では、「窪田」の全国順位が三七九位であるのに対して、「久保田」の全国順位は一二四位と、「久保田」の方が多くなっている。

全国的に見ると、関東甲信越と静岡県に集中している。人口比では長野県に最も多く、次いで群馬県、静岡県の順。これ以外の地域では、青森県や宮崎県にも多い。

県内では東毛地区に集中しており、大泉町では第三位の名字となっている。太田市と伊勢崎市にも多く、合併前の旧太田市では六位、伊勢崎市の旧赤堀町では八位の名字だった。

赤堀の久保田家は武田氏の一族と伝える。武田滅亡後、上野国に移って由良氏に仕えた。

大泉町小泉の久保田家は楠木正成が敗死した後、その妻とともに新田氏を頼って落ちてきたのが祖という。江戸時代は代々名主をつとめた。

50位
全国順位210位

中沢

東毛以外広く分布、吾妻に多い

地名由来の名字で各地にあるが、甲信越と高知県に多い。とくに長野県北部と、山梨県の甲府市や旧白根町（南アルプス市）に集中している。五〇位という順位は、長野県、山梨県に次いで三番目に多い。なお、この順位は旧字体を使用した「中澤」も含んでいる。

県内では、東毛以外に広く分布している。最も多いのは吾妻郡で、草津町では第四位の名字となっている他、中之条町にも多い。その他では、西毛の上野村でも第六位の名字となっている。

信濃の中沢氏は伊那郡中沢郷（長野県駒ヶ根市中沢）がルーツで、諏訪氏の一族。中沢郷の地頭で、鎌倉時代は幕府の奉行衆となり、室町時代も引き続き奉行人をつとめた。

県内の中沢家にはさまざまなルーツを持つものがある。

伊勢崎市稲荷町の旧家中沢家は信濃国の出で、大江姓那波氏の一族という。江戸時代は前橋藩主酒井家の御用達と本陣をつとめた。

草津町の中沢家は村上源氏といい、代々杢右衛門を称して名主をつとめた。

吾妻町小泉の中沢家は新田氏の一族、上野村乙父の中沢家は平家の落人の末裔と伝える。

51位 小池

■全国順位 149位

文字通り「小さな池」にちなむ地形由来の名字で、長野県を中心に東海・関東甲信越に多い。

戦国時代、佐貫荘（館林市付近）の武士に小池氏がいた。

県内では前橋市から東吾妻町にかけて多く、とくに東吾妻町では第二位の名字である。

52位 須田

■全国順位 335位

地名由来の名字で各地にあるが、関東から東北にかけて多い。ベスト一〇〇に入っているのは群馬県と秋田県のみで、五二位という順位は全国最高。県内で渋川市に多い。

歴史的には、信濃国高井郡須田（長野県須坂市）をルーツとする、清和源氏井上氏の庶流の須田氏が知られる。

県内では赤城山西麓に国衆の須田氏があった。信濃須田氏の一族か。

53位 山崎

■全国順位 21位

地形由来の名字で沖縄を除いて全国に広く分布する。「山崎」とは山の稜線の先端を意味し、各地から生まれた。全国四二都道府県でベスト一〇〇に入っているなど、全国にまんべんなく分布している。とくに高知県に多い。

県内では高崎市から吾妻郡にかけて多く、嬬恋村では第五位の名字となっている。

なお、東日本ではほとんどが「やまざき」と濁るのに対し、中国以西では「やまさき」と濁らない。近畿地方では両者が混在している。

54位 狩野（かのう）

■全国順位 892位

群馬県を中心に、関東から静岡県にかけて多い名字。読み方は「かのう」の他に、「かの」「かりの」も多いが、群馬県では「かのう」が九四％近くを占めて圧倒的に多く、次いで「かりの」「かの」の順。五四位は「かのう」のみの順位。県内では北毛に多く、渋川市では最多名字となっている。ルーツは拝志荘狩野々（渋川市赤城町）で、伊豆狩野氏の一族ともいう。

県順位五四位というのは全国最高で、二〇〇位までに入っている県も他にはない。

全国的には、藤原南家で伊豆国田方郡狩野荘（静岡県伊豆市）をルーツとする伊豆狩野氏の末裔と伝える家が多い。

なお、群馬県に次いで「狩野」の多い宮城県では、「かりの」と「かの」がほとんどで、「かのう」と読むのはわずか一％強にすぎない他、北海道でも「かりの」が過半数を占めている。

55位 小島（こじま）

■全国順位 88位

地形由来の名字で、沖縄以外に広く分布するが、東海から関東地方にかけて多い。とくに関東では茨城県以外のすべての都県でベスト一〇〇に入っている。

県内では東毛に多く、とくに板倉町や邑楽町に集中している。

なお、岩手県、宮城県、高知県では「おじま」が過半数を占め、「小島」の多い茨城県でも「おじま」と読むことも多い。

56位 石原

■全国順位 144位

地名由来の名字で各地にルーツがあり、古代から見られる。中国地方、愛知県から岐阜県にかけてと、山梨県、群馬県に多い。

県内では中毛・東毛に集中しており、とくにみどり市・桐生市・伊勢崎市に多い。

57位 松井

■全国順位 87位

「井」とは水汲み場や用水路のことで、松の植えられたこうした場所にちなむ名字。従って各地にあるが、とくに関西から東海・北陸にかけて多い。

県内では、高山村、川場村、甘楽町に集中しており、とくに高山村では五位に入る。

戦国時代、北毛に松井氏があり、沼田衆に属していた。

江戸時代は前橋城下に旧家の松井家があった。本陣をつとめ、のちに藩の御用達となって名字も許されていた。

58位 関

■全国順位 126位

各地の関所のあるところから発生した名字で、伊勢国鈴鹿郡関(三重県亀山市関町)をルーツとする関氏が著名だが、実際には、取水のために設けた川の堰に由来するものが多いと考えられる。

現在は関東を中心に東北や甲信地区に多い。県内では北毛に集中しており、中之条町では最多、川場村では第四位となっている。

戦国時代、沼田氏に従っていた関氏は藤原姓で、信濃国小県郡から移り住んだという。

59位 黒沢

■全国順位 336位

地名由来の名字で、関東以北に集中している。とくに茨城県北部や埼玉県の秩父地方に多い。五九位という順位は、茨城県・秋田県に次いで全国で三番目。

県内では西毛に集中しており、上野村では最多、神流町では第二位の名字となっている。

上野村の黒沢家は桓武平氏で、下野国から移り住んだという。代々名主をつとめ、幕府領の山林を管理した。

神流町万場の黒沢家も平将門の末裔と伝える。戦国時代は信濃国塩沢に住んで武田氏に仕えていたが、江戸初期に万場に転じて代々村役人をつとめた。

60位 内田

■全国順位 69位

何かの勢力範囲内にある田を意味する地形由来の名字で各地にある。全国に広く分布するが、比較的関東地方・中国地方・九州中部に多い。とくに埼玉県西部に集中している。

県内では東毛と西毛に多く、とくに安中市と大泉町に集中している。

61位 石田

■全国順位 59位

各地の石田地名をルーツとする名字で全国各地にあるが、とくに京都府から北陸地方一帯に多い。都道府県別にみると京都府の三六位が最高だが、全国三〇都道府県でベスト一〇〇に入っており、全国にまんべんなく広がっていることがわかる。

なお、石田とは石のように硬い土地の田という意味。

県内ではまんべんなく分布しているが、とくに渋川市と沼田市に多い。

62位 岩崎

■全国順位 89位

全国に広く分布する名字。県単位では熊本県の四八位が最高だが、全国一八都府県でベスト一〇〇に入っているなど、沖縄県と秋田県を除き全国にまんべんなく分布している。

県内では東毛と西毛に多く、とくにみどり市と神流町に集中している。とくに、みどり市の旧笠懸町では最多名字だった。

笠懸の岩崎氏は藤原北家秀郷流で、下野国岩崎の出という。

63位 福島

■全国順位 133位

沖縄以外に広く分布している名字で、とくに関東、山陰、九州に多い。なかでも埼玉県北部には非常に多い。

県内では、利根郡と甘楽郡・多野郡以外に広く分布している。とくに渋川市に多く、合併前の旧渋川市では第六位の名字だった。

渋川市の祖母島に旧家の福島家がある。源頼朝に従い、上野国福島(玉村町)に土着したのが祖という。

64位 坂本

■全国順位 39位

坂の麓を指す地形由来の名字で各地に多い。東海地方を除いてほぼ全国的に分布し、全国三四都道府県でベスト一〇〇に入っている。とくに和歌山県、四国、九州に多い。

県内では東毛と西毛に多い。千代田町では第二位の名字となっている他、隣の大泉町でも第五位に入る。太田市や桐生市にも多い。西毛では安中市や富岡市に多い。

65位 森田

■全国順位 61位

関東以西に広く分布する名字。奈良県の一九位を筆頭に、全国二七都府県でベスト一〇〇に入っている。

県内では渋川市から館林市にかけて広く分布している。とくに吉岡町では第三位の名字となっている他、榛東村や館林市にも集中している。この地域の森田氏は大伴金村の末裔であると伝える。

戦国時代には吾妻郡の国衆に森田氏があった。

66位 上原

■全国順位 211位

地名由来の名字で各地にあるが、沖縄で五位と最多。また、沖縄と本土に共通して多い数少ない名字の一つで、沖縄以外でも群馬県、長野県、鹿児島県でベスト一〇〇に入っている。

県内では西毛に集中しており、安中市の旧松井田町では第二位の名字だった。富岡市にも多い。

安中市松井田の上原家は信濃国諏訪郡上原の出という。

67位 五十嵐

■全国順位 113位

越後国沼垂郡五十嵐（新潟県三条市下田）をルーツとする地名由来の名字。第一一代垂仁天皇の皇子五十足彦命がこの地を開拓したのが祖で、古代から代々蒲原郡の郡司をつとめた。

現在でも新潟県を中心に北陸・関東・東北南部に集中している。県内ではまんべんなく分布しており、とくに伊勢崎市や高崎市に多い。県内の五十嵐氏も、越後から移り住んだと伝えるものが多い。

なお、「五十」は古語では「いか」とも読むうえ、「いかたらしひこ」が開拓した土地なので、「いからし」と濁らないのが本来の読み方。しかし発音しやすい「いがらし」という読み方が主流となり、現在新潟県以外ではほとんどの人が「いがらし」と濁って発音する。

68位 桑原

■全国順位 202位

桑原地名は全国に多数あり、それらから多くの系統の「桑原」が生まれた。なお、古代から桑は養蚕に必要な植物だったため、広く栽培されており、地名にはなっていない桑原も多かったとみられる。

また、「クワ」とは川沿いの土地を、「バラ」は荒地を指すため、「川沿いの荒地」を指す「クワバラ」という地形に、あとから「桑原」の漢字を当てたという説もある。

現在は、群馬県、新潟県、岐阜県、島根県でベスト一〇〇に入っている。県内では北毛に多く、川場村と片品村に集中している。

川場村門前の旧家の桑原家は大隅国の出という。代々吉右衛門を称して酒造業も営んだ。

69位 丸山

■全国順位 74位

長野県から新潟県にかけて非常に多い名字で、関東から東北南部にまで広がっている。また、西日本では和歌山県と熊本県でベスト一〇〇に入っている。

県内ではまんべんなく分布している。とくに集中している地域はないが、嬬恋村、長野原町、高崎市などに多い。

戦国時代、吾妻郡の国衆に丸山氏がおり、真田氏に属した。江戸時代は須賀尾宿の問屋・本陣をつとめた。

70位 川島

■全国順位 216位

関東地方から静岡県にかけて多い名字で、七〇位という順位は千葉県と並んで全国最高。

県内では東毛に激しく集中しており、館林市と大泉町では最多名字。千代田町でも七位、邑楽町では九位に入っている。

71位 竹内

■全国順位 54位

地形由来の名字で、竹に囲まれた場所、という意味が起源と考えられる。また、中世の武家屋敷には竹をめぐらせていたことから、「竹」は武家屋敷を意味するともいう。

県内ではまんべんなく分布しているが、比較的高崎市には多い。

72位 永井

■全国順位 135位

東海から関東にかけて多い名字で、とくに群馬県・新潟県・愛知県でベスト一〇〇に入っている。西日本では愛媛県に多い。

県内では西毛から中毛にかけて多く、下仁田町では第四位の名字となっている。この他、富岡市や高崎市にも多い。

沼田市利根町の旧家の永井家は清和源氏世良田氏の末裔と伝える。また、伊香保町の旧家の永井家は信濃の海野氏の一族という。

73位 関根

■全国順位 246位

川から用水路の水を引く際の取水口である堰に由来する名字。

北関東から東北南部に多く、県内では東毛から中毛にかけて集中している。とくに千代田町や明和町に多い。

伊勢崎市に旧家の関根家がいくつかある。本町の関根家は弥五左衛門を称し、本陣をつとめた。また、柴町の関根家は那波氏の家臣の末裔で、勢多郡関根村（前橋市）に住んで関根氏を称したという。代々甚左衛門を称し、日光例幣使街道柴宿の本陣をつとめて名字帯刀を許されていた。

74位 武井

■全国順位 430位

関東から長野県にかけて集中している名字で、とくに安中市の旧松井田町に多い。七四位という順位は、六九位の山梨県に次いで二番目に多い。

県内では高崎市・安中市・沼田市に多く、勢多郡武井（桐生市新里町）がルーツで、横瀬氏の庶流の武井氏が著名。

安中市松井田町横川には茶屋本陣が二軒あり、ともに武井家だった。本家は「矢の沢の家」で代々善衛門を称した。「雁金屋」の茶屋本陣は「矢の沢の家」の分家という。

75位 小川

■全国順位 31位

地名や地形に由来する名字で、沖縄を除いて全国にまんべんなく分布している。全国四一都道府県でベスト一〇〇に入っており、とくに集中している地域はないが、千葉県で一五位となっているなど、比較的南関東に多い。

県内では東毛から中毛にかけて多い。とくに太田市や邑楽町に雌雄中している。

利根郡の小川氏は同郡小川(利根郡みなかみ町)がルーツで、沼田氏の庶流。上杉氏を経て、真田氏に属した。

76位 島田

■全国順位 105位

地名由来の名字で各地にあるが、関東から北陸にかけて多く、とくに埼玉県と富山県、福井県に多い。

県内では東毛と西毛に多く、明和町・館林市・伊勢崎市・安中市などに集中している。

77位 斉藤

■全国順位 38位

旧字体の「齋藤」が省略されて「斉藤」となったもので、「斎藤」と同じく斎宮頭となった藤原氏がルーツ。現在でもよく混同されるが、「斎」と「斉」は意味の違う別の漢字である。一般的に西日本では「斉藤」の方が「斎藤」よりも多く、東日本では「斎藤」が多い。県内では利根郡以外に広く分布している。

78位 後藤

■全国順位 32位

藤原氏の末裔。藤原北家利仁流の公則が備後守となったことから「後藤」を称したといわれる。代々源氏に仕えたことで各地に広がり、鎌倉時代嫡流は六波羅評定衆をつとめた。

県内では渋川市付近に集中しており、高山村では人口の五%を占める最多名字となっている。渋川市や昭和村・吉岡町にも多い。

高山村の後藤氏は白井城主長尾氏の家臣後藤大学介が、家臣に後藤という名字を与えたのが祖という。

79位 市川

■全国順位 102位

地名由来の名字で各地にあるが、甲斐国八代郡市川(山梨県西八代郡市川三郷町)をルーツとするというものが多く、現在も関東甲信地区と東海地方に多い。

県内では西毛に集中しており、南牧村では人口の一一%を占める圧倒的な最多名字となっている。この地の市川氏は甲斐国市川郷の出で、戦国時代に一族を率いて移り住んだという。

草津温泉の市川家も甲斐国の出で、源頼朝に仕えた市川別当太郎の子孫と伝える。

80位 富沢

■全国順位 482位

関東地方の名字で、とくに群馬県に多い。八〇位という順位は全国最高で、二〇〇位以内となっている県も他にはない。

県内では、旧榛名町(高崎市)、吾妻郡の旧六合村(中之条町)、旧吾妻町(東吾妻町)に集中している。

戦国時代、東毛に富沢氏があった。清和源氏新田岩松氏の一族で、新田荘富沢(太田市)がルーツ。高崎市榛名町下里見の富沢家も清和源氏という。東吾妻町新巻の富沢家は藤原北家魚名流で、駿河国富沢に住んで富沢氏を称したと伝える。

81位 池田

■全国順位 24位

各地の池田地名をルーツとする名字。美濃国池田郡池田荘(岐阜県揖斐郡池田町)をルーツとする紀姓の池田氏が最も著名で、岡山藩主や鳥取藩主の池田家もこの末裔と伝える。高崎市倉渕町権田の池田家も同族という。

現在は全国にほぼまんべんなく分布し、やや九州に多い。県単位でベストテンに入っているのは佐賀県と鹿児島県だけだが、東西を問わず全国三四都道府県でベスト五〇に入っている。

県内でもまんべんなく分布しており、とくに集中している地域はないが、比較的渋川市や、みなかみ町には多い。

82位 藤井

■全国順位 42位

地名由来の名字で、沖縄を除いて全国に広く分布している。全国二九都道府県でベスト一〇〇に入っているが、とくに山陽地方に多く、岡山・広島・山口の三県ではいずれも六位以内。

県内では前橋市から沼田市にかけて集中しており、昭和村では第五位の名字となっている。渋川市にも多い。

戦国時代、箕輪城主長野氏の家臣に藤井氏があった。江戸時代は前橋城下に穀商や生糸商を営んだ藤井家がある。前橋藩御用達で、名字帯刀も許されていた。

83位 野村

■全国順位 93位

地名由来で各地にルーツがあるが、とくに近江国栗太郡野村(滋賀県草津市野村町)をルーツとする宇多源氏佐々木氏庶流の野村氏が著名。佐々木盛綱の子盛季が野村氏を称したのが祖。太田市東矢島の野村家や、渋川市小野子の野村家はこの末裔と伝える。

県内では西毛以外に広く分布している。とくに館林市・千代田町・渋川市・吉岡町などに多い。

84位 宮崎

■全国順位 67位

「宮」は神社、「崎」は山の稜線の先端を指すことから、「宮崎」とは山の先端にある神社の周辺に住んだ人が名乗った名字。また、そうした場所にちなむ宮崎という地名も多い。

東北以外に広く分布し、全国二三都道府県でベスト一〇〇に入っているが、とくに西九州に多い。

県内では吾妻郡一帯に激しく集中しており、嬬恋村で第二位、中之条町で第四位、草津町で第七位となっている。

85位 吉沢

■全国順位 316位

関東から長野県にかけて多い名字。長野県南佐久郡南牧村では第四位の名字となっているのをはじめ、長野県では全域に多い。

県内では東毛以外に広く分布している。とくに前橋市や吉岡町に多い。

江戸時代、沼田城下(沼田市)に沼田打鍛冶師の吉沢家があった。利根郡川場村から移り住み、沼田藩の鍛冶頭をつとめた。

86位

野口

■全国順位 91位

地形由来の名字。水田化された平野である「野」の入り口に住んだことに由来する。従って各地に全国に広く分布するが、中世に水田の少なかった東北北部には「野口」も少ない。

県内では、西毛から吾妻郡にかけて多く、とくに富岡市に集中している。

富岡市下黒岩の野口家は青山氏の家臣の末裔。江戸時代は代々名主をつとめた。

87位

塚越

■全国順位 1074位

群馬県を代表する名字の一つ。八七位という順位は全国最高で、二〇〇位までに入っている県は他にはない。群馬県と埼玉県に全国の半数以上が集中しており、関東地方だけで九割を占めている。

県内では高崎市と太田市に集中しており、高崎市の旧倉渕村では第二位の名字だった。

太田市由良の塚越家は清和源氏の出で、江戸時代は代々名主をつとめて、名字帯刀も許されていた。

88位

松島

■全国順位 356位

沖縄と東北以外に広く分布している名字で、群馬県、栃木県、静岡県に多い。

中世、上野国勢多郡の渡良瀬川流域に勢力を持っていた黒川衆に松島氏があった。戦国時代は神梅城(桐生市)に拠っていた。

現在は東毛から伊勢崎市にかけて集中しており、とくに、みどり市に多い。同市の旧東村では、星野に次いで第二位の名字だった。

89位 須永

■全国順位 1127位

関東北部の名字で、上野国山田郡須永(桐生市)がルーツ。藤原北家秀郷流という。現在も、群馬県東部・栃木県西部・埼玉県北部に集中しており、八九位という順位は全国最高。

県内では東毛に集中しており、とくにみどり市、館林市、邑楽町に多い。

館林市の旧家の須永家は桓武平氏三浦氏の一族で、もとは高井氏を称していた。

90位 堀越

■全国順位 742位

関東地方から宮城県にかけての地域に集中している名字。九〇位という順位は全国最高。

県内では西毛と東毛に多く、とくに富岡市、高崎市、館林市に集中している。

桐生市広沢町の堀越家は堀越公方足利政知の子茶々丸の末裔と伝える。三河に転じた際に堀越氏と改称し、さらに上野国広沢に移り住んだという。高崎市吉井町の堀越家も足利政知の末裔と伝える。

91位 土屋

■全国順位 140位

地名由来の名字で数流あるが、相模の土屋氏が著名。

桓武平氏の土屋氏は相模国余綾郡中村荘土屋

（神奈川県平塚市）がルーツ。中村荘の開発領主中村宗平の三男宗遠が土屋氏を称したのが祖。土屋昌遠は武田信虎に仕え、信虎が信玄に追放された後も最後まで従っている。昌遠の子円都は徳川家康に仕え、子孫は旗本となった。

武田氏家臣には清和源氏一色氏の庶流という土屋氏もある。土屋昌次・昌恒兄弟は武田勝頼に仕えて活躍し、昌次は長篠合戦で、昌恒は天目山の合戦で討死した。江戸時代、直系は三〇〇〇石の旗本で、一族に土浦藩主の土屋家がある。

現在は東海から関東南部にかけて多い。県内では西毛一帯と嬬恋村に集中しており、嬬恋村では第四位の名字となっている。県内の土屋氏は武田信玄の家臣の末裔と伝えるものが多い。

92位 小野

■全国順位 52位

「小野」は古代豪族の姓と、地名に由来する名字がともに多い。

姓としての小野は近江国滋賀郡小野村（滋賀県大津市小野）にちなみ、孝昭天皇の子孫という春日氏の一族。推古天皇のときに小野妹子が遣隋使に選ばれ、以後一族から多くの外交官を輩出するなど、奈良・平安前期に朝廷の官僚として栄えた。

この他各地に地名があり、地名由来の「小野」が多数ある。

現在は東北と瀬戸内海沿岸に多い。東北・北海道ではすべての県でベスト五〇以内に入っている他、関東以北は全都道府県で一〇〇位以内。

県内では、甘楽郡小野郷（富岡市）の地名があり、ここをルーツとする在地武士の小野氏があった。鎌倉時代には幕府の御家人となっている。

渋川市小野子の小野氏は桓武平氏で、分家に平形氏がある。

県内に広く分布しているが、比較的北毛に多い。とくに沼田市とみなかみ町に集中している。

93位 近藤

■全国順位 36位

藤原北家秀郷流。脩行が近江掾（じょう）になったことから、「近江」の「近」と藤原氏の「藤」をつなげて「近藤」と名乗ったのが祖といわれる。

現在は九州、東北以外に広く分布、とくに東海地方と四国に多い。全国三一都道府県でベスト一〇〇に入っている。

県内ではまんべんなく分布しており、とくに集中している地域はないが、神流町、みどり市、榛東村などに多い。

94位 原田

■全国順位 51位

地名由来の名字で各地にルーツがあるが、山陽地方から九州北部に多い。全国三一都道府県でベスト一〇〇に入っている。その中でも筑前原田氏が最も著名である。

筑前国の原田氏は恰土郡原田（福岡県糸島市）がルーツ。藤原純友の追捕使大蔵春実の末裔と伝える。

県内では西毛に多く、とくに高崎市と安中市に集中している。

高崎市倉渕町の原田家は大蔵姓で筑前原田氏の一族という。

95位

中野

■全国順位 50位

地名由来の名字で各地にあり、全国三六都道府県でベスト一〇〇に入っている。比較的西日本に多い一方、東北南部、山陰、沖縄には少ない。

県内では西毛に多く、甘楽町では第八位の名字となっている。

藤岡市小林の中野家は武蔵国秩父郡中野上がルーツで、平氏という。

96位

篠原

■全国順位 184位

「篠」とは小型の竹のことで、こうした篠が生えていたことにちなむ地形由来の名字。沖縄と東北以外に広く分布するが、四国、甲信地区、北関東の三カ所に多い。

県内では吾妻郡に集中しており、ここから長野県の佐久市地方に長野県佐久地方にかけて多い。とくに長野原町では最多名字となっている。

また、篠原は地名に多く、各地の篠原地名をルーツとするものも多い。

97位

飯島

■全国順位 283位

地名由来の名字で各地にあるが、筑波地方を中心に茨城県南部に最も多く、その他では長野県北部や山梨県にも多い。

県内では、西毛と東毛に多く、とくに藤岡市、板倉町、伊勢崎市に集中している。

伊勢崎市境町の飯島家は同市飯島町がルーツで、鎌倉時代に境に移り住んだという。江戸時代は日光例幣使街道境宿の本陣をつとめた。

98位 松村

■全国順位 166位

「松の多い村」という地形由来の名字で各地にあるが、とくに関西から中国地方にかけて多い。

県内では中毛から渋川市にかけて集中している。とくに前橋市に多く、同市の旧宮城村では第五位の名字だった。

99位 原

■全国順位 62位

地形由来の名字のため各地にある。現在は全国に分布するが、島根県にはとくに多い。

県内でも広く分布しており、比較的館林市や玉村町、みなかみ町などに多い。

なお、県内の原氏は武田信玄の遺臣の末裔と伝える家も多い。

100位 矢島

■全国順位 472位

関東西部から岐阜県にかけて多い名字。とくに長野県諏訪地方や、群馬県高崎市付近、岐阜市などに集中している。

一〇〇位という順位は、長野県の九二位に次いで多い。県内では西毛に多く、とくに高崎市と富岡市に集中している。伊勢崎市にも多い。

中世新田郡にいた矢島氏は、新田荘矢島郷（太田市）がルーツ。清和源氏新田氏の一族である。

群馬県の名字ランキング

1	高橋
2	小林
3	佐藤
4	新井
5	斎藤
6	清水
7	鈴木
8	吉田
9	星野
10	中島
11	田村
12	田中
13	木村
14	山田
15	金子
16	関口
17	渡辺
18	中村
19	松本
20	金井
21	青木
22	加藤
23	萩原（はぎわら）
24	飯塚
25	山口
26	石井
27	岡田
28	須藤
29	今井
30	桜井
31	阿部
32	林
33	栗原
34	井上
35	伊藤
36	大沢
37	福田
38	根岸
39	橋本
40	茂木（もてぎ）
41	茂木（もぎ）
42	大塚
43	山本
44	角田（つのだ）
45	町田
46	長谷川
47	田島
48	石川
49	久保田
50	中沢
51	小池
52	須田
53	山崎
54	狩野（かのう）
55	小島（こじま）
56	石原
57	松井
58	関
59	黒沢
60	内田
61	石田
62	岩崎
63	福島
64	坂本
65	森田
66	上原
67	五十嵐
68	桑原
69	丸山
70	川島

71	竹内
72	永井
73	関根
74	武井
75	小川
76	島田
77	斉藤
78	後藤
79	市川
80	富沢
81	池田
82	藤井
83	野村
84	宮崎
85	吉沢
86	野口
87	塚越
88	松島
89	須永
90	堀越
91	土屋
92	小野
93	近藤
94	原田
95	中野
96	篠原
97	飯島
98	松村
99	原
100	矢島
101	小暮（こぐれ）
102	黒岩
103	柳沢
104	堀口
105	大島
106	高田
107	増田
108	木暮（こぐれ）
109	中山
110	佐々木
111	荒井
112	樋口
113	小沢
114	田口
115	遠藤
116	今泉
117	高木
118	本多
119	高山
120	下田
121	森
122	生方
123	笠原
124	和田
125	深沢
126	江原
127	横山
128	小山（こやま）
129	宮下
130	羽鳥
131	荒木
132	太田
133	高野（たかの）
134	白石
135	津久井
136	真下（ましも）
137	岡部
138	秋山
139	川田
140	田部井
141	荻野
142	大竹
143	前原
144	井田
145	吉野
146	下山
147	村田

218	211	204	197	190	183	176	169	162	155	148
小此木	飯田	岡本	宮沢	大川	岩井	荻原(おぎわら)	内山	飯野	滝沢	武藤
219	212	205	198	191	184	177	170	163	156	149
綿貫	細野	平井	阿久津	入沢	久保	天田	原沢	大野	阿久沢	松田
220	213	206	199	192	185	178	171	164	157	150
神宮	千明	落合	菊地	亀井	戸塚	奈良	宮田	横田	八木	大谷(おおたに)
221	214	207	200	193	186	179	172	165	158	151
平田	設楽	柴崎	金田	早川	小野里	柿沼	村上	小倉	高柳	都丸
222	215	208	201	194	187	180	173	166	159	152
広瀬	柴田	浅見	工藤	岩田	大山	小板橋	安藤	石坂	酒井	中里
223	216	209	202	195	188	181	174	167	160	153
三浦	松原	菊池	長井	吉井	赤石	藤田	梅沢	富田	神戸(かんべ)	北爪
224	217	210	203	196	189	182	175	168	161	154
長岡	浦野	金沢	大河原	堤	黛	湯浅	南雲	富岡	唐沢	岸

295	288	281	274	267	260	253	246	239	232	225
田辺	山下	三木	後閑	前田	高井	横堀	木暮（きぐれ）	倉林	石関	渋沢
296	289	282	275	268	261	254	247	240	233	226
長島	横尾	六本木	石倉	西村	小菅（こすげ）	山岸	多胡	大木	森下	長沢
297	290	283	276	269	262	255	248	241	234	227
中林	若林	藤生（ふじう）	岡村	片山	黒田	糸井	小金沢	松岡	馬場	大橋
298	291	284	277	270	263	256	249	242	235	228
一場	反町	諏訪	沢田	正田	井野	杉山	高瀬	中嶋	武田	高草木
299	292	285	278	271	264	257	250	243	236	229
栗田	宮本	湯本	諸田	本間	服部	橋爪	神保	樺沢	春山	細谷（ほそや）
300	293	286	279	272	265	258	251	244	237	230
島崎	志村	大久保	神山（かみやま）	須賀	青山	村山	相川	青柳	塚田	北村
301	294	287	280	273	266	259	252	245	238	231
矢野	岩瀬	上野	三田	松沢	坂田	西山	半田	平野	小泉	川端

372	365	358	351	344	337	330	323	316	309	302
天笠	戸部	板橋	堀江	峯岸	川村	大崎	上村（かみむら）	並木	内藤	神沢（かんざわ）
373	366	359	352	345	338	331	324	317	310	303
塩野	荻原（おぎはら）	堀	女屋	吉岡	品川	浅野	佐野	松浦	金谷（かなや）	坂井
374	367	360	353	346	339	332	325	318	311	304
板垣	横沢	藤巻	松崎	加部	柳田	黒崎	小保方	大谷（おおや）	細井	中川
375	368	361	354	347	340	333	326	319	312	305
布施	杉本	岡野	本田	石塚	剣持	川崎	宮内	安田	藤本	野中
376	369	362	355	348	341	334	327	320	313	306
吉川（よしかわ）	中田	広田	相沢	信沢	片貝	田代	石橋	塚本	松下	荒川
377	370	363	356	349	342	335	328	321	314	307
野沢	山中	矢内（なやい）	城田	登坂	塩原	小淵（おぶち）	川上	小堀	丸橋	恩田
378	371	364	357	350	343	336	329	322	315	308
古川（ふるかわ）	重田	笛木	西沢	古沢	長沼	竹沢	田沼	植木	村岡	篠崎

449	442	435	428	421	414	407	400	393	386	379
宮原	湯沢	竹田	丹羽	大嶋	嶋田	峰岸	藤生（ふじゅう）	吉原（よしはら）	宮川	浅川
450	**443**	**436**	**429**	**422**	**415**	**408**	**401**	**394**	**387**	**380**
植原	望月	柴山	篠田	上田	周藤（しゅうとう）	深津	鹿沼	坂口	新島	千木良
451	**444**	**437**	**430**	**423**	**416**	**409**	**402**	**395**	**388**	**381**
小野沢	藤原（ふじわら）	尾内	大井	木島	岡	森村	水野	牧野	平形	神田
452	**445**	**438**	**431**	**424**	**417**	**410**	**403**	**396**	**389**	**382**
川口	野本	小沼（こぬま）	柳井	片野	永田	横坂	境野	徳江	塩谷（しおや）	多田
453	**446**	**439**	**432**	**425**	**418**	**411**	**404**	**397**	**390**	**383**
山内	藤川	寺田	吉村	白井	桐生	曽根	関谷（せきや）	干川	渋谷（しぶや）	梅山
454	**447**	**440**	**433**	**426**	**419**	**412**	**405**	**398**	**391**	**384**
浅香	岡崎	掛川	安達	倉沢	大和	島村	市村	戸丸	森山	佐俣
455	**448**	**441**	**434**	**427**	**420**	**413**	**406**	**399**	**392**	**385**
西川	鏑木	藤野	千葉	兵藤	小井土	船津	原島	柳	深町	多賀谷

456	豊田
457	鎌田
458	亀山
459	森尻
460	手島
461	星
462	尾崎
463	保坂
464	河田
465	園田
466	磯貝
467	生形
468	塩沢
469	片桐
470	稲葉
471	谷
472	田子
473	丸岡
474	稲村
475	小松
476	浜田
477	米山
478	椎名
479	蓮見
480	宮前
481	有坂
482	箱田
483	牛込
484	伊東
485	堀川
486	稲垣
487	住谷（すみや）
488	土田
489	小渕（おぶち）
490	磯田
491	赤坂
492	藤倉
493	河内（かわうち）
494	瀬間
495	泉
496	尾池
497	薗田
498	西田
499	大森
500	浅井

第三章　群馬県を代表する名族・名家

古代・中世の名族

上毛野氏と車持氏

群馬県は太田市の天神山古墳や高崎市の山上古墳をはじめ、一万二〇〇〇基以上という全国有数の古墳の数を誇る。一つの古墳には一人の首長が埋葬されているわけで、古代群馬は多くの有力豪族たちがひしめき合っていた地だったと考えられる。その中で、北関東を代表する豪族だったのが上毛野（かみつけぬ）氏である。

『日本書紀』によると、上毛野氏は崇神（すじん）天皇の皇子で東国を治めることになった豊城命（とよきみこと）（豊城入彦命（いりひの））が祖。景行天皇五十五年に豊城命の孫彦狭嶋（ひこさしま）王を東山道十五国の都督に任じたが、赴任途中で病没したので、翌年にその子の御諸別王に命じて東国を治めさせたところ、蝦夷を平定したという。

以後も蝦夷との最前線にいたらしく、仁徳天皇五十五年に蝦夷が叛いたため、新羅を討った上毛野田道を征伐に遣わしたが、蝦夷に破られ伊寺水門（いじのみなと）で敗死。舒明（じょめい）天皇九年（六三七）に蝦夷が叛いた際にも上毛野形名が将軍として派遣されている。

一方、対朝鮮半島外交にも関わり、新羅を討った上毛野田道の他、天智天皇の時代に上毛野君稚子が百済に将軍として派遣されているなど、上野国在地の古代豪族というより、中央から派遣されて土着した可能性が高い。

天武天皇一三年（六八四）、上毛野君は朝臣姓を賜り、和銅年間から養老年間にかけては陸奥守や陸奥按察使に任じられる者があるなど蝦夷地経営に参画したが、奈良時代以降は没落した。

県内には群馬郡を中心に栄えた車持氏という豪族もあった。上毛野氏が中央から派遣されて土着したとみられるのに対し、車持氏は上野の在地豪族であった。群馬県の由来となった群馬郡は、古代では「くるま」と呼ばれ、「車」とも書かれたことから、群馬郡を代表する勢力であったと考えられる。

『新撰姓氏録』によると、豊城入彦命八世の孫、射狭君が雄略天皇の時代に乗輿を供進したことから車持公の姓を賜ったという。天武天皇十三年(六八四)朝臣となり、以後、平安時代まで宮内省主殿寮の殿部として供御の輦輿などに従事していた。

山上古墳

新田氏

中世の上野国を代表する武士は上野源氏の嫡流新田氏だろう。清和源氏の源義国の長男義重は、母が上野国司をつとめた藤原敦基の娘だったことから、父より八幡荘(高崎市)を継承、さらに保元二年(一一五七)には上野国新田郡新田荘(太田市)下司職となって新田荘を開発し、新田氏を称した。新田荘はやがて新田郡全域に広がる広大な荘園に発展した。

源頼朝の挙兵に際し、京で平家の家人となっていた義重は追討のために下向したが、そのまま源氏の一翼として挙兵し、やがて頼朝軍に合流した。義重はまもなく家督を次男の義兼に譲り、『平家物語』巻四の「橋合戦」には「上野国の住人、新田入道」として登場する。頼朝軍への参加が同族の足利氏に遅れたため、鎌倉幕府の成立後は足利氏にやや遅れをとった。

新田荘は義重の五人の息子、義兼（新田本宗家）・義俊（里見氏）・義範（山名氏）・義季（世良田氏）・経義（額戸氏）と、義重の孫娘が足利義純に嫁いで生まれた時兼（岩松氏）の六家に分割相続され、新田一族全体としては上野国から越後国に及ぶ大きな勢力を保っていた。しかし弘安八年（一二八五）以降、上野国の守護は北条氏がつとめており、その下で新田氏は冷遇されていたと考えられる。

元弘二年（一三三二）後醍醐天皇に呼応して楠木正成が千早城で挙兵すると、義貞は千早城攻めに参加していたが翌年帰郷、討幕に転じて挙兵した。分倍河原合戦では幕府軍に敗れたものの、三浦一族の大多和義勝率いる相模武士と合流したことで息を吹き返し、霞ノ関合戦で大勝して一気に鎌倉に攻め込んで北条氏を滅ぼした。建武新政では武者所頭人となって、足利氏とともに新政権において武家を率いる立場にあった。しかし中先代の乱を契機に足利尊氏と反目、尊氏の離反後は、後醍醐天皇を奉じて南朝を率いた。

備後福山、摂津湊川で足利軍に敗れた後、恒良親王・尊良親王を奉じて北陸に転じていた義貞は、延元三年・暦応元年（一三三八）に越前藤島（福井市）の戦いで戦死、家督を継いだ三男義宗は、異母兄の義興と共に各地を転戦した。義興は一時鎌倉奪還を果たしたが、足利基氏・畠山国清らによって武蔵国矢口渡（大田区）で謀殺されると以後は没落。義宗は正平二三年・応安元年（一三六八）越後で一族の脇屋義治とともに挙兵したものの、上野国沼田で関東管領の上杉憲顕軍に敗れて戦死、この時点で新田氏本宗家は事実上滅亡している。

岩松氏

新田氏本宗家滅亡後、事実上新田一族の惣領家となったのが、足利氏方に属していた岩松氏である。

足利氏の庶流である畠山義純は新田義兼の女婿となり、その子時兼は母方の新田家で育てられた。時兼は建保三年（一二一五）と元仁元年（一二二四）の二度にわたり祖母新田尼から上野国新田郡新田荘内の岩松郷（太田市）など十三郷を譲与されて地頭職に任ぜられた。以後時兼は岩松に住んで岩松氏を称し、新田氏の庶流として勢力を拡大した。

建武新政では経家は足利尊氏に属し、飛騨守護となった他、八カ国一〇カ所に所領を得ている。その後、礼部家と京兆家に分かれて対立、文明元年（一四六九）に礼部家の家純が家老横瀬国繁の助けを得て両家を統合し、金山城（太田市金山）を築城した。

新田本宗家の没落は事実上の新田一族の惣領として新田荘を支配。しかし明応四年（一四九五）尚純は横瀬国繁・由良成繁父子と争って敗れ隠居、以後は連歌師として活動した。その子昌純は金山城主となったが名目的なもので、実権を握った由良（横瀬）氏が事実上戦国大名として活躍している。享禄年間（一五二八〜三二）には昌純が横瀬泰繁によって殺害され、跡を継いだ弟の氏純も四二歳で自害したといい、岩松氏も事実上滅亡した。

天正十八年（一五九〇）、氏純の子守純は徳川家康の関東入国の際に家康に拝謁。家康が自らの先祖としている新田氏の末裔ということで抱えられたが、接見の際に守純が無礼な挨拶をしたため、所領は上野国新田郡世良田のわずか二〇石にとどまった。

寛永十八年（一六四一）に秀純が四代将軍家綱に召し出され、一二〇石に加増されて交代寄合に列し、

新田猫絵（武弥太郎氏所蔵）

以後は下田島村に住んだ。しかし、わずか一二〇石で交代寄合の格式を保つため内情は苦しく、江戸時代後期の当主は猫の絵を書いて販売した。この猫の絵は、この地域で盛んな養蚕に必要な繭を、ネズミの被害から守るご利益があるとして、上野東部から下野にかけて人気があった。太田市の新田荘歴史博物館には、幕末から明治初期にかけての四代の岩松家当主によって描かれた鼠よけの猫の絵が展示されている。

幕末になると、岩松家は新田義貞の末裔として尊攘派の志士の間で注目を集め、俊純は新田勤皇党の盟主となった。戊辰戦争の際には新田氏を称して新田官軍を組織、維新後は正式に新田氏に改称して、明治十七年(一八八四)男爵を授けられた。子忠純は貴族院議員をつとめている。

山名氏

山陰の守護大名の一つで、室町時代を代表する守護大名でもある山名氏も新田氏の一族で、そのルーツは群馬県内にある。

新田義重の長子義範が上野国多胡郡山名(高崎市山名町)に住んで山名氏を称したのが祖で、義範は烏川と鏑川に挟まれた片岡丘陵の東南端付近に山城を築いて拠り、以後八代にわたって在城したと伝えるが、詳細ははっきりしない。

義範は治承四年（一一八〇）の源頼朝の挙兵に従い、源義経の平氏追討の軍にも加わって、文治元年（一一八五）後白河法皇から伊豆守を受領している。しかし、鎌倉時代の動向についてはほとんどわからず、『難太平記』によると「元弘より以往は、たゞ民百姓のごとくにて」とある。

山名氏が史上に登場するのは、元弘の乱の時氏以降である。元弘三年（一三三三）新田義貞が挙兵した際、その麾下に山名氏という名の武士がいたことが『太平記』に見える。建武二年（一三三五）に中先代の乱を足利尊氏が討伐した際には、時氏は尊氏に従っていた。建武四年・延元二年（一三三七）時氏は初めて伯耆守護となり、暦応四年（一三四一）に尊氏の命で塩冶高貞を討って出雲守護となり、興国二年（一三四一）には丹波守護に転じた。

観応の擾乱では直義・直冬党に与し、山陰四カ国を事実上支配した。貞治二年（一三六三）時氏は幕府方に転じて、一族で丹波・伯耆・丹後・因幡・美作の守護に任ぜられ、以後幕府を支える有力大名の一つとなった。

元中六年・康応元年（一三八九）、山名氏の惣領時義が死去した時点で山名一族の領国は、時義の但馬・伯耆・隠岐・備後、義理の美作・紀伊、氏清の山城・和泉・丹波、満幸の丹後・出雲、氏家の因幡の一一カ国を数え、日本全国の六分の一を保有して六分一殿と呼ばれた。このため、三代将軍義満は山名一族の勢力を削ぐために、山名氏の惣領権をめぐる内訌を利用して、康応元年（一三八九）に氏清・満幸に時熙・氏幸を討たせ、さらに明徳二年（一三九一）には満幸を追放した。満幸は氏清や義理とともに挙兵したものの、大内氏を中核とする幕府軍に敗退した（明徳の乱）。乱後、山名氏の領国は但馬・因幡・伯耆の三カ国のみとなるなど、一時その勢力が衰えた。

山名城跡碑

山名城跡

しかし、その後は次第に勢力を回復し、応永六年（一三九九）の応永の乱では大内氏討伐に活躍、嘉吉元年（一四四一）の嘉吉の乱で赤松義祐を討って再び一〇カ国の守護を兼ねるまでに回復した。

応仁の乱では持豊が西軍の総帥をつとめたが、京の戦乱のなかにあるうちに各地の領国は国人層の台頭で奪われていった。戦国時代はさらに尼子氏や毛利氏によって侵食されて所領は因幡国・但馬国のみとなっていた。天正八年（一五八〇）豊臣秀吉によって但馬出石城が落城、山名宗家は滅亡した。

一方、鳥取城主の豊国（禅高）は豊臣秀吉に通じたが、毛利方の吉川元春の意向を汲んだ家臣によって城を追放され大名としての山名家は一旦滅亡した。

鳥取城を追放された豊国は、天正一〇年に豊臣秀吉に仕えてお伽衆となった。関ヶ原合戦では東軍に属して慶長六年（一六〇一）但馬国七美郡で六七〇〇石の采地を与えられて交代寄合となり、同郡兎束に陣屋を置いた。三代矩豊のとき陣屋を同郡村岡(兵庫県美方郡香美町村岡)に移した。明治元年(一八六八)義済のとき一万一〇〇〇石に加増されて諸侯に列し、十七年義路のとき男爵となっている。

長野氏

上野国西部には、戦国大名の長野氏がいた。在原姓を称しているが、『群馬県史』では石上姓としている。石上氏は古代上野の郡司をつとめており、その末裔の可能性が高い。平安時代末期から代々同国群馬郡長野郷(高崎市)を本拠とした在庁官人とみられ、『吾妻鏡』にも長野刑部丞の名がみえる。

その後の動向は不明で、室町時代に上州一揆として再登場し、一貫して守護山内上杉氏に従った。文明九年(一四七七)の武蔵針谷原合戦では上州一揆の旗頭として西上野の小領主をとりまとめていた為兼が、永正元年(一五〇四)の武蔵立河原合戦では房兼が討ち死にしている。

一方、これとは別に箕輪城(高崎市)には代々「業」を通字とする同族の長野氏があり、厩橋と鷹留の二流に分かれていた。両長野氏は山内上杉氏重臣の総社長尾氏を追放して上杉氏内部での地位を固め、鷹留の業政は上野国西部を支配した。業政の死後、武田信玄に攻められ、子業盛(氏業とも)は永禄九年(一五六六)に討ち死にして落城した。その際、一子が脱出に成功し、のち極楽院(高崎市箕郷町和田山)の住職となった。

江戸時代の彦根藩家老の長野家は末裔と伝え、箕輪城主長野業正(業政か)の子業親が祖という。

なお、系図は各種あって異同が多く、判然としない。

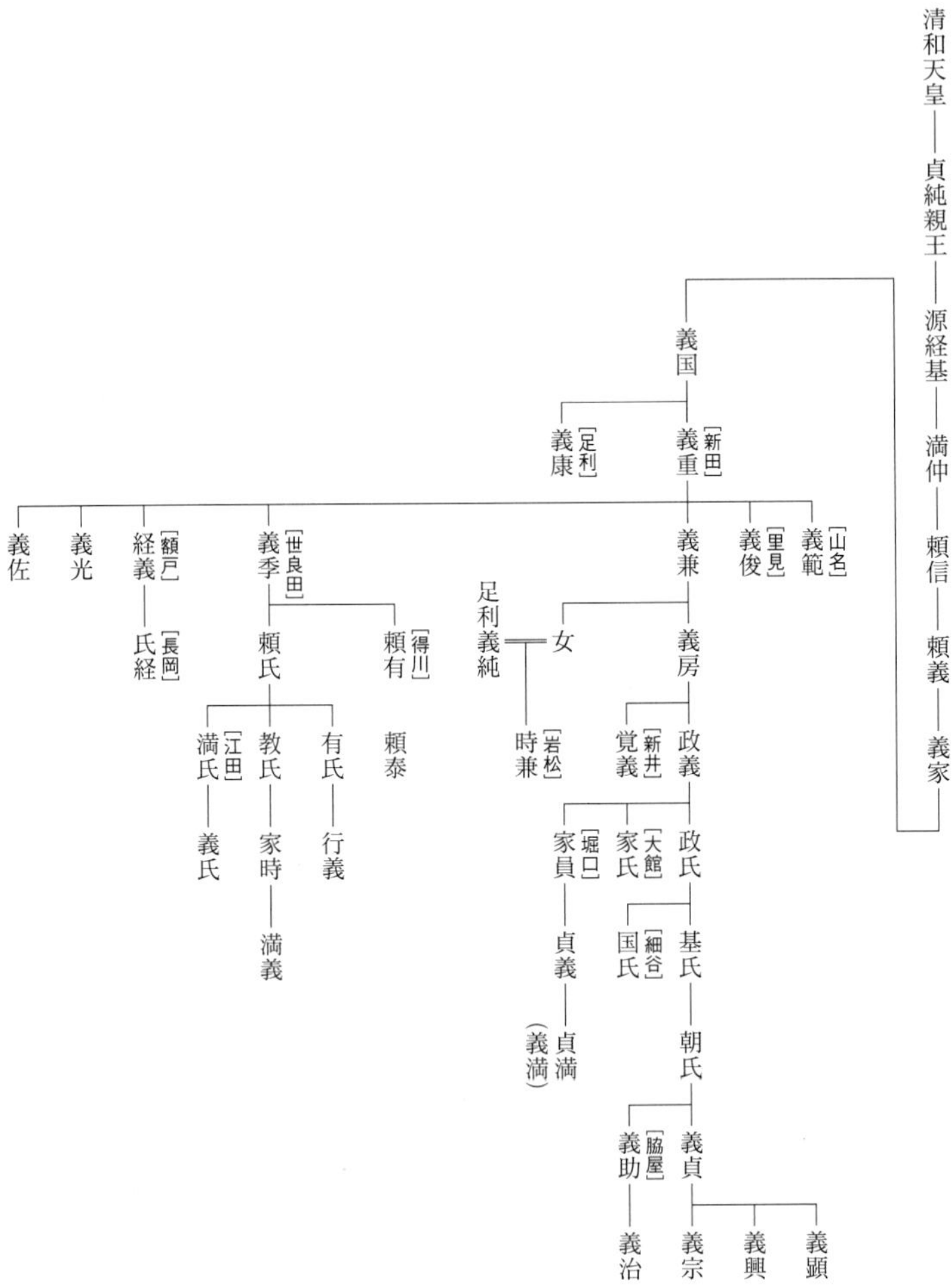
清和天皇
貞純親王
源経基
満仲
頼信
頼義
義家
義国
［新田］義重
［足利］義康
［山名］義範
［里見］義俊
義兼
足利義純
女
［岩松］時兼
義房
［新井］覚義
政義
政氏
［大館］家氏
［堀口］家員
貞義
貞満
（義満）
基氏
［細谷］国氏
朝氏
義貞
［脇屋］義助
義治
義宗
義興
義顕
［世良田］義季
［得川］頼有
頼泰
頼氏
有氏
行義
教氏
家時
満義
［江田］満氏
義氏
［額戸］経義
［長岡］氏経
義光
義佐

新田氏系図

近世の名家

江戸時代の群馬県は前橋藩、高崎藩、安中藩など多くの小藩に分かれ、その多くが譜代大名であったため藩主が転々とした。また、大名以外にも交代寄合の岩松陣屋があり、岩鼻には天領を支配する幕府の岩鼻代官所が設けられていた。従って、江戸時代を通じて広い範囲を支配した名家は存在しない。

土岐家

こうした中で比較的ながく支配をつづけたのたが、沼田藩主の土岐家である。土岐家は清和源氏の一族で、美濃国土岐郡土岐郷(岐阜県瑞浪市土岐町)をルーツとする美濃源氏の嫡流。鎌倉時代から戦国時代まで美濃国を支配した名門だが、沼田藩主の家はその嫡流ではない。

土岐氏の一族で土岐郡明智に住んで明智氏を称していた一族の末裔が、天文年間(一五三二〜五五)の土岐頼芸と斎藤道三との合戦で定明が討ち死にしたため、幼少の定政は母方の親類を頼って三河国に逃れ、母方の叔父菅沼定仙のもとで成長した。定政は明智光秀と同族であることをはばかって一時菅沼定政と名乗ったのち、土岐氏に戻し徳川家康に仕えたのが祖。

天正十八年(一五九〇)の関東入国ののち下総国相馬郡に一万石を賜り守谷に住んだ。子定義は摂津高槻(大阪府高槻市)で二万石に転じ、子孫は出羽国上山二万五〇〇〇石、駿河田中三万五〇〇〇石を経て、五代頼稔の寛保二年(一七四二)上野沼田三万五〇〇〇石に入封した。明治十七年(一八八四)頼知のとき子爵となっている。

沼田藩主頼殷の次男頼郷は享保六年(一七二一)に三五〇〇石を分知されて旗本となり、三代頼香は駿府町奉行、幕末の頼礼は海軍奉行並となっている。

吉井家陣屋表門

吉井家

高崎市吉井町に陣屋を置いた吉井藩主の吉井家は、藤原北家で公家五摂家の一つ鷹司家の出という珍しい来歴の大名である。

江戸初期の公家鷹司信房の四男信平が、三代将軍徳川家光の正室本理院の弟であることから慶安三年(一六五〇)家光に召し出されて旗本となったのが祖。承応二年(一六五三)紀伊藩主徳川頼宣の女(むすめ)と結婚し、翌年松平の称号を賜った。延宝二年(一六七四)には上野国・上総国で七〇〇〇石を与えられ、宝永六年(一七〇九)信清の時に三〇〇〇石を加増されて諸侯に列し、上野国多胡郡矢田(高崎市吉井町矢田)に陣屋を置いて矢田藩を立藩した。宝暦年間、信友のときに陣屋を同郡吉井(高崎市吉井町)に移して吉井藩となっている。

明治元年(一八六八)、信謹は「松平」を返上して藩庁の地名をとって吉井氏に改称、翌二年には諸藩に先駆けて版籍を奉還した。十七年信宝の時に子爵となっている。

板倉家

安中藩主の板倉家は清和源氏で足利氏の庶流。足利泰氏の次男義顕は渋川氏を称したが、その前に下野国足利郡板倉(栃木県足利市)に住んでいたことから板倉とも称したことに由来する。戦国時代に渋川義堯の子頼重が三河国額田郡小美村(岡崎市)に移って松平氏に仕えたという。

天正九年(一五八一)松平家忠に仕えていた定重が遠江高天神で討ち死にしたことから、僧籍に入っていた兄の勝重が還俗して家督を継いだ。

勝重は徳川家康に仕えて慶長六年(一六〇一)京都所司代となり、子重宗の時に五万石に加増され、明暦二年(一六五六)下総関宿藩に入封した。嫡流はのちに各地を転々とし、備中松山五万石の藩主となっている。

正保元年(一六四四)、関宿藩主重宗の次男重形は下野国で一〇〇〇〇石を分知され、寛文四年(一六六四)さらに九〇〇〇石を分与されて一万石となり、諸侯に列した。天和元年(一六八一)にはさらに五〇〇〇石を加増されて、上野安中藩に入封した。元禄十五年(一七〇二)陸奥泉、延享三年(一七四六)遠江相良を経て、寛延二年(一七四九)上野安中に再入封。幕末の七代藩主勝明は安政二年(一八五五)安中郷学校を開設、高島秋帆を招いて藩士に洋式砲術を学ばせた。明治十七年(一八八四)勝観のとき子爵となる。

秋元家

館林藩主の秋元家は藤原姓宇都宮氏の一族で、上総国周准郡秋元郷(千葉県君津市)をルーツとする国衆の末裔と伝える。

戦国時代、政次は小糸城に拠って里見氏に仕えていたが、天文十年（一五四一）景朝（元景）の時に武蔵国幡沢郡深谷（埼玉県深谷市）に移って上杉憲盛に仕えた。

文禄元年（一五九二）、長朝が徳川家康に仕えて上野国碓氷郡で五〇〇〇石を与えられたのが、館林藩主の祖。慶長六年（一六〇一）に上野総社藩一万石を立藩。その子泰朝は家康の近習出頭人となって、一万八〇〇〇石に加増され、甲斐谷村に転封。さらに喬知は元禄十二年（一六九九）に老中となり、川越六万石に転じた。涼朝の時に再び老中に就任し、山形六万石に転じる。弘化二年（一八四五）志朝の時に上野館林藩六万石に入封した。志朝は公武間の斡旋につとめたが、幕府から疑われて蟄居。跡を継いだ礼朝は、戊辰戦争では新政府軍についている。明治一七年（一八八四）興朝の時に子爵となる。戦後、順朝は埼玉銀行の頭取などをつとめた。

秋元家別邸

館林市尾曳町の群馬県立つつじが岡公園には、興朝と春朝の使用した秋元家別邸が残っており、つつじ祭なども開催されている。

現代の名家

正田家

戦前の日本には「公爵・侯爵・伯爵・子爵・男爵」という華族制度があり、公的に認められた名家が存在した。こうした華族制度がなくなった戦後では、どの家をもって名家とするかの判断は難しいが、少なくとも戦後最も名家と言うことができるのが、館林の正田家だろう。いうまでもなく皇后陛下の実家だが、江戸時代には館林の豪商で、近代に入ってからは日清製粉創業家となった。それだけではなく、正田家は学者一族としても知られている。

正田家の先祖は源義国に従って新田荘尾島に来住した生田(庄田とも)隼人佐という。天正十八年(一五九〇)の徳川家康の関東入部に際して生田義豊が仕えて、その際に「生田」から「正田」に改めたといわれる。嫡流は代々徳川郷に住んで名主を世襲した。

館林の正田家はその分家で、江戸中期から代々文右衛門を称し、「米久」と号する米穀問屋の傍ら、目車町と新紺屋町の名主もつとめた。維新後、三代目文右衛門が「亀甲正」という商号で醤油醸造に転じて成功、以来館林きっての豪商となった。

天皇家の外戚としての正田家は、三代目文右衛門の次男作次郎が祖。その子貞一郎は、明治三十四年(一九〇一)に館林製粉を創立、四〇年には日清製粉を創立して実業家として成功、貴族院議員にも選ばれた。

貞一郎の長男は早世し、次男健次郎は数学者として名を成した。健次郎は大阪大学・武蔵大学の学長を歴任、日本における数学近代化の中心的存在といわれている。健次郎の長男・彬も経済学者として名高く、その弟・紘はソニー中国の社長。

健次郎が学界に進んだため、家業の日清製粉は三男の英三郎が継いだ。英三郎の弟、篤五郎も東大教授で、偏光顕微鏡の権威として知られている。

英三郎の長男巌は日本銀行に入ったため、日清製粉三代目を継いだのは、次男の正田修である。正田家では、家業は長男以外が継ぐ傾向にある。修は東大法学部を卒業後、ハーバード大学大学院に留学してMBAを取得している。皇后陛下は、長男巌のすぐ下の妹で、修の姉にあたる。

また、巌の妻はライオン宰相といわれた浜口雄幸の孫、英三郎の妹は和歌山の山林王脇村家に嫁ぐなど、華麗な閨閥（けいばつ）を築いている。

珍しい名字

日本には十万以上もの名字があり、中には珍しい名字も多い。テレビや雑誌など紹介される極めて珍しい名字には、実際には存在しない架空の名字が混じっていることもあるが、「悪虫」や「降魔」（ごうま）といった、本当に驚くような名字が存在することも事実。

ただし、何を以て「珍しい名字」と規定するかは難しい。たとえば、「阿比留」という名字がある。これで「あびる」と読むもので、大多数の人は珍しいと感じるだろうが、実は長崎県の対馬では島で一番多い名字。同地では別に珍しい名字ではないのだ。

つまり、「珍しい」という感覚は地域性に左右されるところが多い。たとえば、群馬県の名字でも「木暮」は他県で珍しいと言われる。「木暮」は「こぐれ」とも「きぐれ」とも読み、県内ではごく普通の名字。「小暮」という名字も多いことから、「木暮」で「こぐれ」と読むことには違和感はないかもしれないが、群馬県以外では「木暮」を「こぐれ」と読めない人は多い。同じように「生方」や「生形」を「うぶかた」と読むのも、他県の人にとっては難しい。

1）地名由来のもの

名字のルーツの大多数は地名である。従って、難読の地名があると難読の名字が生まれることが多い。沖縄の名字が独特なのは、沖縄の地名が琉球語に由来する独特のものだからだ。

こうした難読地名由来の名字は、地元では普通に誰でも読むことができても、他県に行くと読むことができず難読の名字となってしまう。こういう例は全国に多数あり、県外に移住すると名字の読み方を変えてしまうこともある。

県内の地名をルーツとする珍しい名字には、「蟻川」（ありかわ）、「伊能」（いよく）、「植栗・殖栗」（うえくり）、「小此木」（おこのぎ）、「女屋」（おなや）、「群馬」（ぐんま）、「香林」（こうばやし）、「後閑」（ごかん）、「西窪」（さいくぼ）、「尻高」（しったか）、「膳」（ぜん）、「対比地・築比地」（ついひじ）、「備前島」（びぜんじま）、「発知」（ほっち）などがある。

2）古語に由来するもの

名字が多くが生まれたのは、平安時代後期から室町時代にかけて。そのため、名字のルーツとなったのは、当時使われていた言葉である。

たとえば「乾」（いぬい）という名字は、当時の北西を指す言葉から生まれている。北西は「戌」（いぬ）の方角と「亥」（い）の方角の中間にあたるため「いぬい」といわれ、この方角が中国八卦の「乾」であることから「乾」と書いて「いぬい」と読んだことに由来する。「目」と書いて「さかん」と読む難読名字もあるが、これも平安時代の朝廷にあった「目」（さかん）という職種に由来するもの。

この他、「鉄」（くろがね）、「台」（うてな）なども今では読むことができないが、古語としては普通の読み方だったものだ。

また、方言などその地方ならではの言葉に由来するものもある。

3)名字の一部が変化したもの

名字は、誕生してからすでに千年以上経過しているものも多い。そのため、代々使われていくうちに、一部が変化したり、欠落したりしたものがある。

「服部」という名字は誰でも「はっとり」が読めるが、よく考えてみると漢字と読み方が対応していない。これは、古代にあった「服織部」(はたおりべ)から中間の「織」が欠落し、さらに発音が変化して、漢字と読み方が対応しなくなったものである。

4)意識的に変えたもの

元の名字を意識に変えたというものもある。とくに本家と分家で漢字を微妙に変えたり、同じような意味の別の漢字にするということは全国各地で見られた。なかには漢字の一部を省略したものもある他、大胆な発想で変化させ、まるでトンチのような名字も存在する。難読名字として有名な「小鳥遊」(たかなし)も、「高梨」という名字に「タカがいないと小鳥が遊べる」ということで「小鳥遊」という漢字をあてたものだ。

戸籍登録の際に、それまで使っていた名字とは違うものをあえて登録した家もある。大阪府にある「東京」という家は、江戸時代は「江戸」という名字の商家だった。明治になって戸籍ができたとき、「江戸が東京に変わったのだから、自分の名字も江戸から東京に」と考えて、名字を「江戸」ではなく「東京」で登録したものだ。

県内では、「城聞」や「太古前」などがこれにあたる。

5）特別な由来があるもの

珍しい名字には、どうしてそうなったかの由来を今に伝えているものもある。たとえば、京都・貴船神社神官の舌（ぜつ）家には、おしゃべりな先祖が神様によって舌を裂かれたため、その戒めとして「舌」を名字にしたという伝説が伝わっている。

◎県内にある珍しい名字

【善知鳥】（うとう）

伊勢崎市にある難読名字。「善知鳥」とは、ウミスズメ科に属するハトくらいの大きさの海鳥。繁殖期にはクチバシから角状の突起が出るため、「うとう」という名前もアイヌ語の「突起」という言葉に由来しているという。

【大胐】（おおつき）

館林市の旧家の名字。もとは「大月」を称して佐野氏に仕えていたが、分家した際に「大月から出る」という意味で「大胐」を称したという。

【七五三木】（しめぎ）

群馬県独特の難読名字。注連縄（しめなわ）のことを「七五三縄」とも書くことから、「七五三」の部分を「しめ」と読んだもの。沼田市付近に集中している。戦前から戦後にかけて久呂保村（昭和村）村長をつとめた七五三木政勝がいる。

【城聞】（じょうぎく）

藤岡市にある珍しい名字。この地には戦国時代まで真下城があり、江戸時代には城跡を訪ねる人がたびたびあった。その際、旅人が城近くの家で様子を聞いたため、その家は「城聞」を屋号としていた。明治維新後、戸籍に名字を登録する際に、本来の「新井」から「城聞」に改めたという。

【太古前】（たこまえ）

みどり市東町花輪にある名字。もとは「東宮」だったが、戸籍登録の際に、「ものすごく古くから住んでいる」という意味で「太古前」を名字にしたという。

【遠橋】（とおはし）

甘楽町の旧家の名字。橋爪家の遺児を遠田家が育てたことから、子孫が両家の名字から一字をとって「遠橋」と名乗ったという。

【二十里】（にじゅうり）

明和町にある名字。先祖は楠木正成の家臣だったという。由来は、武蔵国で敵に追われた際、二十里逃げた地で追手から逃れて住み着いたことから、二十里を名字にしたという。

難読名字の中には、どうしてそう読むのか、今では全く理解できないものもある。当初はきちんとした由来があって名付けたのだろうが、時を経るうちに由来の部分が忘れ去られてしまったものだと思われる。

珍しい名字には必ず由来がある。地名や古語に由来するものであれば、あとから由来を類推することができるが、先祖の体験などに基づく名字の場合は、由来はその家にしか伝わらない。伝承が途中で途切れてしまうと、由来を調べるのは困難になってしまう。珍しい名字こそ、先祖の思いを誇りに子孫に伝えていってほしい。

第四章　群馬県の名字小事典

あ

相川【あいかわ】

関東地方と長崎県に多い名字。那波郡伊勢崎城下(伊勢崎市)に旧家の相川家がある。脇本陣や町年寄役を務め、伊勢崎藩の御勝手御用達を担った。幕末には金物商を営み、明治時代には醤油製造に進出した。維新後、之賀は考古資料を収集、同家住宅は相川考古館として公開され、文久元年(一八六一)に杪保が隠居所を兼ねて建てた茶室「觴華庵(しょうか)」は県指定重要文化財である。

富岡市の相川氏は、中世の南蛇井氏の子孫という。

県順位は二五一位で、西毛地区に多い。とくに富岡市と甘楽町に集中している。

藍原【あいはら】

関東から福島県にかけての名字で、県内では桐生市に集中している。

桐生市に旧家の藍原家がある。先祖は桐生氏の家臣で、桐生氏の滅亡後、須永村で帰農した。江戸時代は名主をつとめた。

青柳【あおやぎ】

地名由来の名字で各地にある。中世、邑楽郡青柳郷(館林市)を本拠とした青柳氏があり、藤原北家秀郷流といわれる。

また、勢多郡青柳村(高崎市)を本拠とした長野氏家臣の青柳氏もあった。江戸時代は帰農して村役人などをつとめている。

中之条町の旧家の青柳家は信濃国青柳郷の国人の末裔という。

県順位二四四位で、県内に広く分布している。

赤井【あかい】

戦国時代、邑楽郡の国衆に赤井氏がいた。文屋姓か。永享の乱に登場する赤井若狭守が史料上の初見。文明年間(一四六九〜八七)には館林城主として赤井高秀の名がみえる。子重秀は古河公方足利政氏に従っていた。その娘は簗田晴助の生母であるという。元亀元年(一五七〇)照景の時、長尾顕長に追われて滅亡した。現在は沼田市に多い。

赤石【あかいし】

群馬県・青森県・北海道の三道県に集中している名字。

県内では、みどり市を中心に、前橋市から太田市にかけて集中している。みどり市の旧笠懸町では第四位の名字だった。笠懸の赤石家は金山城主岩松氏純の家臣赤石筑後守政重の末裔という。県順位一八八位。

赤岩【あかいわ】

邑楽郡の国衆に赤岩氏がいた。藤原北家で、藤原小黒麿の子資綱が佐貫氏を称し、その子嗣綱が赤岩城(千代田町赤岩)を築城して赤岩氏を称したのが祖。

現在は埼玉県秩父地方に集中しており、県内では下仁田町に多い。

吾妻【あがつま】

吾妻郡をルーツとし、中世吾妻郡の武士に吾妻氏がいた。岩櫃城に拠る。藤原南家二階堂氏とも清和源氏村上氏ともいい不詳。『吾妻鏡』建久六年(一一九五)の条に源頼朝の上洛供奉人として吾妻太郎の名が見える。吾妻四郎助光は、承元元年(一二〇七)一二月、将軍の御所に飛んできた鷺の左目を射抜き、弓の名人として激賞された。

現在県内には少ない。

赤堀【あかほり】

中世、佐位郡の国衆に赤堀氏がいた。同郡赤堀(伊勢崎市)がルーツで、藤原北家秀郷流足利氏の庶流。赤堀城に拠った。享徳の乱の際、赤堀時綱は足利成氏に従い、康正二年(一四五六)上杉方の長尾兵庫頭・沼田上野守と戦って討ち死にしている。戦国時代には由良氏の家臣に赤堀上野守の名がみえる。

江戸時代には、佐位郡今井村(伊勢崎市赤堀町)に旧家の赤堀家があった。国衆赤堀氏の末裔。江戸時代は代々今井村の名主を務めた。

現在も伊勢崎市周辺にある。全国的には静岡県に多い。

秋間【あきま】

関東地方西部に多い名字で、県内では伊勢崎市に集中している。碓氷郡秋間郷（安中市）がルーツで、岩櫃城（東吾妻町）城主斎藤氏の重臣だった。

秋山【あきやま】

地名由来の名字で、各地をルーツとする秋山氏がある。県内では西毛地区に多い。

高崎市の旧吉井宿問屋をつとめた秋山家は清和源氏で源義光の末裔と伝える。

安中市西秋間の旧家の秋山家は武田信玄家臣の秋山氏の末裔という、また安中藩の重臣にも秋山家があった。県順位一三八位。とくに藤岡市と安中市に多い。

阿久沢【あくざわ】

群馬県を代表する名字の一つで、全国の四分の三以上が群馬県にある。県順位は一五六位。とくに前橋市に集中しており、旧宮城村で第四位、旧大胡町で第五位の名字だった。高崎市と伊勢崎市にも多い。

中世、勢多郡に国衆の阿久沢氏があった。永禄年間（一五五八〜七〇）ごろから黒川谷（桐生市黒保根町）の国衆として阿久沢左馬助の名がみえる。その子とみられる阿久沢能登守は深沢城に拠って北条氏に属し、天正十八年（一五九〇）の豊臣秀吉の小田原攻めでは小田原城に入っている。

同郡柏倉（前橋市柏倉）の阿久沢一族は、もとは六本木氏だったが、黒保根の阿久沢氏から嫁を迎えたことから、阿久沢氏に改称したと伝える。

群馬郡元島名村（高崎市）にも旧家の阿久沢家がある。維新後、初代太郎平と三代目太郎平はいずれも県議をつとめる傍ら、倉賀野銀行（のち群馬銀行）を経営、三代目の次男亀吉は法学者として知られる。

阿久津【あくつ】

栃木県を代表する名字の一つで、県内でも一九八位と多い。

北関東では窪んでいる土地を「あくつ」といい、こうした場所にちなむ地形由来の名字である。漢字では「阿久津」と書くことが多く、「圷」「堆」と書くこともある。
現在でも北関東一帯から会津南部にかけて広く分布、県内では中毛と東毛に集中している。とくに伊勢崎市に多い。

浅香【あさか】
上野国南甘楽郡新羽村(上野村)の旧家に浅香家がある。木曽義仲の末裔で、河内国浅香郷発祥という。戦国時代武田氏に属して新羽城に拠り、武田氏滅亡後帰農したという。江戸時代は名主をつとめ、大丸屋と号して酒造業を営んだ。
県順位四五四位。西毛に多く、とくに甘楽町に集中している。

朝倉【あさくら】
上野国の古代豪族に朝倉氏があった。那波郡朝倉郷(前橋市朝倉町)がルーツで上毛野氏の一族。姓は公。『続日本紀』の延暦六年(七八七)一二月の条に朝倉公家長が外従五位下を授けられたとある。『万葉集』巻二十に見える上野国の朝倉益人も同族か。前橋市文京町にある二子山古墳は朝倉公の古墳とみられる。現在は桐生市に多い。

浅見【あさみ】
秩父県秩父市を中心に、関東西部一帯に広がる名字。さまざまな漢字を使う「あさみ」の中で最も数が多い。県内では藤岡市に集中している。県順位二〇八位。

天笠【あまがさ】
群馬県に多い名字。太田市を中心に、前橋市から埼玉県加須市の間に集中している。
江戸時代初期、太田市石橋の新田堀の石橋を架けた他、妙英寺に庫裏・山門などを寄付して中興の祖と呼ばれる天笠次郎右衛門(治郎衛門とも)がいる。もとは金山城主由良国繁の家臣という。東武鉄道桐生線の治郎衛門橋駅は天笠次郎右衛門にちなむ。県順位三七二位。

雨木【あまき】
上野村にある名字。主君が賊に襲われた際、雨の中、大木の下で文書を守ったことから「雨木」の名字を与えられたという。

天田【あまだ】
群馬県に多い名字で、全国の半数弱が群馬県にある。県内では、高崎市と玉村町に多い。高崎市下滝の旧家に天田家がある。俳優天田俊明は伊勢崎市の生まれ。県順位一七七位。

荒井【あらい】
使用しなくなった井(水汲み場や用水路)にちなむ名字だが、新井から漢字が変化したものも多い。県順位一一一位で、中毛から東毛に集中している。
館林城下に木綿問屋や酒造業を営む荒井家があった。代々静右衛門を称し、館林藩から名字帯刀を許されていた。

新木【あらき】
群馬県と石川県に多い名字。戦国時代、上野国沼田の国衆に新木氏がおり、天正十年(一五八二)新木河内守が北条氏に従っている。現在は昭和村と伊勢崎市に集中している。

荒木【あらき】
県内に広く分布するが、比較的渋川市周辺に多い。中世、群馬郡の武士に荒木氏があり、白井長尾氏に属していた。
旧子持村(渋川市)の荒木家は伊勢神宮の神官荒木田氏の末裔と伝える。
県順位一三一位。前橋市、太田市、渋川市に多い。

蟻川【ありかわ】
吾妻郡蟻川村(中之条町)をルーツとする名字。同村には代々若狭守を名乗る刀鍛冶の蟻川家があった。現在も中之条町を中心に、群馬県西部から長野県北部に集中している。

安藤【あんどう】
藤原氏の末裔。「安藤」の「安」は安芸国に由来するとも、安倍氏に由来するともいわれ、はっきりしない。県順位は一七三位で西毛に多く、とくに高崎市や下仁田町に集中している。

安中【あんなか】
上野国碓氷郡の国衆に安中氏がいた。桓武平氏城氏の庶流という。長享元年(一四八七)に忠親が越後新発田から上野に移り、永禄二年(一五五九)に忠成が野尻郷(安中市)に築城、野尻を改めて安中としたという。同七年武田信玄の上野侵攻の際、忠成は降伏したが、一族の忠政は戦い、自刃した。

現在は少なく、高崎市などにある。

い

飯田【いいだ】

関東から東海地方にかけて多い名字で、県順位二一一位の群馬県は関東では最も少ない。県内では東毛に多く、とくに太田市に集中している。

飯野【いいの】

関東から山梨県や東北南部に多い名字。県内では西毛に集中しており、とくに安中市に多い。

高崎城下に高崎藩の掛屋もつとめた豪商の飯野家がある。中山道高崎宿の茶屋本陣もつとめ、酒造業も行っていた。寛保元年(一七四一)高崎藩の御城方御材木御用・御払米御用役となり、宝暦四年(一七五四)には一〇人扶持を与えられ、帯刀を許されている。県順位一六二位。

鵤木【いかるぎ】

群馬県独特の名字で、太田市付近に集中している。栃木県足利市に地名がありルーツか。「怒木」「五十木」とも書く。

石北【いしきた】

群馬県独特の名字。全国の八割近くが群馬県にあり、その大半は渋川市に集中している。

木曽義仲の家臣樋口氏の末裔で、義仲の討ち死に後、渋川村に土着したと伝える。下野家と内匠家の二系統があり、ともに白井長尾氏に仕えていた。内匠家の末裔は、江戸時代渋川村の庄屋をつとめた。

石倉【いしくら】

群馬郡石倉(前橋市石倉町)がルーツで沼田氏の一族。石倉城に拠り、室町時代は白井長尾氏に属した。江戸時代は松代藩士となった。

県順位二七五位で、現在は前橋市と伊勢崎市、吉岡町に多い。

石坂【いしざか】

関東西部から北陸にかけて多い名字。県順位は一六六位で、みなかみ町に多い。

北毛に、源義経の家臣で平泉に落ちる途中で離れた石坂兄弟を祖とするという石坂家が多い。

井田【いだ】

群馬県と鳥取県に多い名字。県内では中毛と、高崎市・藤岡市に多い。県順位一四四位。

中世の那波氏の家臣に井田氏があり、現在も那波氏違反の末裔と伝える家が多い。

「サッポロ一番」などで知られるサンヨー食品の創業家が玉村町出身の井田家である。

板橋【いたばし】

関東から東北にかけての名字。県内では勢多郡板橋（桐生市新里）がルーツ。戦国時代は由良氏に仕えた。江戸時代は只上村（太田市）の名主となる。県順位は三五八位で、東毛に集中している。

一場【いちば】

群馬県独特の名字で、全国の八割弱が群馬県にある。県内では吾妻郡に多く、旧吾妻町では第六位の名字だった。プロ野球の楽天・ヤクルトでプレーした一場靖弘投手も旧吾妻町の出身。県順位二九八位。

市場【いちば】

県内では山田郡市場（太田市）をルーツとする市場氏があり、室町時代は岩松氏に属していた。現在では嬬恋村に集中している。

井野【いの】

前橋市付近に多い名字。群馬郡井野村（高崎市）がルーツか。県順位二六三位。

今泉【いまいずみ】

「新しくできた泉」にちなむ地形由来の名字。

県内では、沼田藩家老に今泉家がある。祖伝次郎は摂津国の出で、戦国時代に土岐定政に仕えた。子正貞は土岐定義に仕え、定義が高槻藩主となった際に家老となり、以後代々清左衛門を称して家老をつとめた。
　県順位一一六位で、桐生市とみどり市に集中しており、ともに第七位の名字となっている。とくに桐生市の旧新里村、みどり市の旧大間々町に多い。

伊能【いよく】

　「伊能」は千葉県に多い名字で「いのう」と読むが、沼田藩士の伊能家は「いよく」である。上野国佐位郡伊与久(伊勢崎市境町)がルーツ。のち岩井村(東吾妻町)に転じ、江戸時代は沼田藩士となった。参議院議員をつとめた伊能芳雄は子孫である。

入沢【いりさわ】

　群馬県と新潟県に集中している名字。県内では片品村と川場村に集中しており、片品村では第四位の名字となっている。県順位一九一位。
　中世、群馬郡の地侍に入沢氏があり、信濃国の出という。

岩井【いわい】

　西毛に集中している名字。とくに富岡市、下仁田町、南牧村に多い。下仁田町では第六位の名字である。富岡市の岩井氏は藤原時平の子孫という。県順位一八三位。

岩田【いわた】

　勢多郡滝沢村(渋川市赤城町滝沢)の旧家に岩田家がある。同村の草分六軒の一つ。県順位一九四位で、現在は前橋市付近に集中している。
　榛東村では第三位の名字で、同地の岩田氏は武蔵七党丹党の末裔と伝える。

う

植栗【うえくり】

　吾妻郡の国衆に植栗氏があった。同郡植栗(東吾妻町植栗)発祥で、植栗城に拠った。永禄六年(一五六三)元信は岩櫃城主斎藤氏に従って真田氏と戦ったが、のち真田氏に従っている。現在は沼田市や前橋市にある。

宇敷【うしき】

　群馬県に多い名字で、全国の

半数以上が群馬県にあり、その大半が沼田市に集中している。県外では長野市にも多い。

牛久保【うしくぼ】

関東地方の名字で、県内では伊勢崎市に集中している。由良氏の家臣だった牛久保主水が、由良氏滅亡後に帰農したのが祖という。

内山【うちやま】

県内にまんべんなく分布しているが、比較的伊勢崎市や玉村町に多い。県順位一六九位。

生方【うぶかた】

群馬県独特の名字である、「うぶかた」「おぼかた」系の名字の一つで、最も数が多い。

中世、利根郡川田(沼田市)の地侍に生方氏があった。江戸時代は沼田城下上之町に薬種問屋の生方家があった。同家住宅は国指定重要文化財で沼田公園に移築されている。

現在は北毛に多く、とくに沼田市と渋川市に集中している。渋川市の旧子持村では第二位の名字だった。

戦後、国家公安委員をつとめた生方誠は沼田市の旧家の生まれ。その妻は歌人として知られた生方たつゑ。また、NHKアナウンサーだった生方恵一は前橋市の生まれである。県順位一二二位。

生形【うぶかた】

「うぶかた」と読む名字は、伊勢崎市では「生形」と書く。前橋市にも多い。

梅沢【うめざわ】

中世、邑楽郡に地侍の梅沢氏があった。太田市尾島町の旧家の梅沢家は藤原北家秀郷流という。

県順位一七四位で、現在は前橋市と片品村に多い。

梅原【うめはら】

佐貫荘梅原郷(明和町)がルーツ。藤原北家秀郷流佐貫氏の庶流に梅原氏がいた。現在は県内に点在する。

浦野【うらの】

吾妻郡の手子丸城(東吾妻町大戸)城主に浦野氏がいた。信濃浦野氏の一族で、鎌倉時代中期頃に吾妻郡に移り住んだといい、大戸氏ともいう。永禄四年（一五六一）重成・重秀兄弟は武田信玄に仕えて活躍した。跡を継いだ重次は、天正十年（一五八二）北条氏直に敗れて討ち死にし、落城した。

県順位二一七位。高崎市、東吾妻町、邑楽町に多い。

漆原【うるしばら】

群馬郡漆原郷（吉岡町）がルーツ。藤原姓で、戦国時代には長野氏に属していた。現在は県内には少なく、館林市や渋川市にある。

え

江口【えぐち】

邑楽郡江口（邑楽郡明和町）をルーツとする、藤原北家秀郷流佐貫氏庶流の江口氏がある。現在は前橋市や高崎市に多い。

江田【えだ】

新田郡の武士に江田氏がいた。清和源氏で、新田郡江田（太田市新田）発祥。世良田頼氏の子満氏と、義有の子行義が江田氏を称した。南北朝時代には新田義貞に属して各地を転戦している。太田市新田上江田町には、江田館（国指定史跡）が残る。現在も東毛に集中しており、とくに館林市に多い。

江原【えはら】

群馬県と埼玉県に集中している名字。前橋城下に米穀商の江原家があった。のち生糸商に転じて財をなした。

県順位は一二六位で、高崎市に多い。

襟川【えりかわ】

東毛地区から埼玉県久喜市にかけての名字。もとは「江里川」と称し、戦国時代は成田氏に属していた。忍城落城後、武蔵と上野に分かれて帰農したと伝える。県内では千代田町や大泉町にある。

遠藤【えんどう】

遠江国の藤原氏が、遠江の「遠」と藤原氏の「藤」をつなげて名乗った名字。東日本の名字で、北関東から東北にかけて非常に多い。県順位一一五位の群馬県は関東以北で少ない県である。県内にはまんべんなく分布している。

お

尾池【おいけ】

群馬県に多い名字で、県内では桐生市付近に集中している。桐生市の旧黒保根村では第四位の名字だった。黒保根の尾池氏は、同地にある「尾池」という池にちなむ。県順位四九六位。

大川【おおかわ】

地形由来の名字。東毛に多く、とくに桐生市、太田市、邑楽町に集中している。太田市の旧赤堀村には代々名主をつとめる大川家があった。藤原北家秀郷流という。県順位一九〇位。

大河原【おおかわら】

西毛に多い名字で、富岡市、甘楽町、下仁田町に集中している。県順位二〇三位。

中世、那波氏の家臣に大河原氏があった。江戸時代は松井田宿に大河原屋と号して安中藩の御用達だった大河原家があった。村山内閣の農水相をつとめた大河原太一郎参議院議員も松井田町の生まれ。

大胡【おおご】

中世、勢多郡の国衆に大胡氏がいた。同郡大胡（前橋市）発祥で、藤原北家秀郷流。足利成行の子重俊が大胡氏を称したのが祖。大胡城に拠って鎌倉幕府に仕えた。

現在は県内には少なく、太田市や大泉町にある。関東南部に多い。

大河内【おおこうち】

高崎藩主の大河内家は、三河国額田郡大河内（愛知県岡崎市）発祥で、清和源氏頼光流。源頼政の孫顕綱が大河内郷に住んで大河内氏を称したのが祖で、のち足利義氏に仕えた。

三河国幡豆郡寺津・江原両郷

(西尾市)を領し、秀綱の時に徳川家康に仕え、関東入国の際に武蔵国高麗郡を領した。信綱は徳川家光に仕えて老中とに就任。武蔵忍藩三万石を経て、島原の乱後、寛永十六年(一六三九)武蔵川越六万石に入封。以後も、筆頭老中として幕政を担当した。

信綱の五男信興が高崎藩主の祖。信興は家綱の小姓組番頭から、延宝七年(一六七九)若年寄となって諸侯に列し、天和二年(一六八二)常陸土浦二万二〇〇〇石に入封。のち三万二〇〇〇石に加増された。輝貞は元禄五年(一六九二)下野壬生を経て、同八年上野高崎五万二〇〇〇石に転じ、宝永元年(一七〇四)には七万二〇〇〇石に加増。その後、越後村上を経て、享保二年(一七一七)高崎に戻り、同十五年老中格となる。安永八年(一七七九)輝高のとき八万二〇〇〇石となる。以後、輝高・輝延も老中となっている。明治十七年子爵となる。

県内には少なく、桐生市やみどり市にある。

大島【おおしま】

地形由来の名字。「島」は海に浮かぶ島だけではなく、平野や盆地にある小高い場所のことも指した。県内順位一〇五位。まんべんなく分布しているが、比較的前橋市や沼田市に多い。

中世、新田荘大島郷(太田市)に清和源氏新田一族の大島氏があった。

太田【おおた】

地名由来の名字。県順位一三二位。まんべんなく分布しており、とくに集中している地域はない。

大竹【おおたけ】

中世、利根郡上川田(沼田市)に大竹氏がいた。戦国時代は真田氏に属していた。現在は沼田市と片品村に多い。県順位一四二位。

大館【おおだて】

新田郡大館(太田市大館)発祥で、清和源氏新田氏の一族。新田政義の二男家氏が大館氏を称した。子宗氏は新田義貞の鎌倉攻めに従って戦死したが、義冬の時に室町幕府に仕えた。以後、代々奉公衆をつとめ、足利義政の乳人として勢力を振るった今参局も一族である。

現在は関東南部や青森県以北に多く、県内には少ない。

大谷【おおたに】

地形由来の名字。県順位一五〇位。渋川市から東毛にかけて集中しており、千代田町では第八位の名字である。

大野【おおの】

県順位一六三位。北毛以外に広く分布しており、とくに邑楽町に多い。

古代、山田郡に大野郷(桐生市付近か)があった。『新撰姓氏録』には上毛野氏の同族として大野氏の名が見え、大野郷が本拠の可能性もある。

中世には、吾妻郡に大野氏があった。

大橋【おおはし】

大きな橋にちなむ地形由来の名字で、近畿から関東にかけて広く分布しているが、県順位は二二七位とあまり高くない。県内では前橋市や伊勢崎市に多い。

大前【おおまえ】

吾妻郡大前ノ保(嬬恋村)をルーツとする名字。古くは「おおまや」と読んだという。現在は高崎市に集中している。

大室【おおむろ】

勢多郡大室(前橋市)発祥で、藤原姓足利氏の一族か。現在は埼玉県に集中しており、県内には少ない。

大山【おおやま】

地名由来の名字で、各地に地名がある。県順位一八七位。高崎市、前橋市、伊勢崎市に多い。

岡部【おかべ】

県順位一三七位。東毛に集中しており、とくに太田市に多い。県内の岡部氏は武蔵七党猪俣党の岡部氏の末裔という家が多い。

中央競馬史上、初めて二一五〇勝を達成した岡部幸雄騎手も太田市の生まれである。

岡本【おかもと】

全国順位は四七位だが、西日本に多い名字で、群馬県にはあまり多くない。県内の「岡本」は甘楽郡岡本郷（富岡市岡本）がルーツ。平安時代は在庁官人で、鎌倉時代は御家人となった。北条氏とともに没落した。

県順位二〇四位。中毛から西毛にかけて広く分布している。

岡谷【おかや】

利根郡岡谷村（沼田市）をルーツとする名字で沼田氏の一族。なお、館林藩重臣の岡谷家は「おかのや」と読んだ。現在は少なく、沼田市などにある。

小川【おがわ】

地名由来の名字で各地にある。県内では利根郡の国人に小川氏があった。同郡小川（みなかみ町）がルーツで、赤松則村の末裔と伝える。上杉謙信に属した沼田衆の筆頭格。永禄十二年（一五六九）の上杉氏と北条氏の和睦交渉では、小川可遊斎が使者として活躍している。

県順位一一三位。県内に広く分布しているが、比較的東毛に多い。

荻野【おぎの】

「植物のオギの生えている野」という意味の地形由来の名字。県順位一四一位。板倉町と下仁田町に多い。板倉町の旧家に荻野家があり、代々郷左衛門を称して名主をつとめた。

荻原【おぎわら】

本来は、水辺に生える植物である「オギ」の生えている原」という意味の地形由来の名字だが、「萩原」から漢字が変化としたものも多いとみられる。県順位一七六位。東毛に多く、とくに伊勢崎市とみどり市に集中している。なお、県内では「おぎわら」が七割強、「おぎはら」が三割弱となっているが、全国的にはほぼ半数ずつである。一七六位の順位は「おぎわら」のみのもの。

小倉【おぐら】

県順位一六五位。中毛から東毛にかけて多く、とくにみどり市と桐生市に集中している。

小此木【おこのぎ】
群馬県独特の名字で、全国の三分の二が群馬県にある。佐位郡小此木村（伊勢崎市境）発祥で、由良氏に属した。地名は「小柴」の「柴」の字を分解したもので、嘉暦三年（一三二八）八月二六日の世良田長楽寺への寄進状（案、長楽寺文書）に小柴彦次郎盛光とあることから、小此木氏も「小柴」から転じたとみられる。
県順位二一八位。現在も伊勢崎市に集中している。

尾沢【おざわ】
戦国時代、吾妻郡中山（高山村）に尾沢氏があった。戦国時代は北条氏に仕えた。現在は少なく、各地に点在する。

尾島【おじま】
新田郡尾島（太田市）発祥で、清和源氏新田氏の一族。現在も太田市と伊勢崎市に集中している。

落合【おちあい】
落合とは川が合流する場所を指す言葉で、こうした場所にちなむ地形由来の名字。沖縄以外に広く分布しており、県内では高崎市に多い。県順位二〇六位。

尾内【おない】
群馬県に多い名字で、太田市と伊勢崎市に集中している。金山城主由良氏の家臣尾内勘解由が祖という。江戸時代は代々田部井村（伊勢崎市）の名主をつとめた。県順位四三七位。

女屋【おなや】
群馬県独特の名字で、全国の四分の三以上が群馬県にある。勢多郡女屋（前橋市）がルーツで、現在でも前橋市に集中している。県順位三五二位。

小野里【おのさと】
群馬県独特の名字で、前橋市と高崎市に多い。勢多郡新里村（桐生市）の旧家に小野里家がある。藤原北家秀郷流といい、江戸時代は代々喜左衛門と称して名主をつとめた。江戸後期には生糸商としても活躍した。県順位一八六位。

小野沢【おのざわ】
関東西部から信越地方に多い名字。室町時代の岩松氏の家臣に小野沢氏の名がみえ、現在は北毛以外に広く分布している。県順位四五一位。

小幡【おばた】

甘楽郡の国衆に小幡氏がある。同郡小幡(甘楽町小幡)発祥で、武蔵七党の児玉党の一族とされるが異説もある。鎌倉時代の動向は不明で、建武三年(一三三六)に小幡右衛門尉が高師直に属して近江に出兵している。山内上杉氏譜代の家臣で、結城合戦にも上杉清方として参陣している。

戦国時代には国峰城(甘楽町)に拠り、上杉氏に仕えて甘楽郡に勢力を振るった。この間、鷹巣城(下仁田町)に分家三河守家を出した。

天文十五年(一五四六)の河越合戦で上杉憲政が敗れると、本家の憲重は北条氏康に転じたが、永禄三年(一五六〇)の上杉謙信の関東入りの際には三河守家の信尚は総社長尾氏に属した。同九年武田信玄の上州侵攻後は、本家・三河守家ともに信玄に仕えた。天正三年(一五七五)の長篠の戦いには信真が参陣、『信長公記』にも小幡一党として見える。

武田氏滅亡後は再び北条氏に従うが、同十八年の豊臣秀吉の小田原攻めで再び没落。同十九年一族の直之が徳川家康に仕え、のち旗本となって一一〇〇石を知行した。

現在は県内に広く分布している。

小淵・小渕【おぶち】

群馬県独特の名字で、旧子持村(渋川市)から吾妻郡中之条町にかけて集中している他、埼玉県北部にもある。県順位三三五位。

政治家小淵光平は中之条町の生まれ。その次男が首相をつとめた小淵恵三で、現在は恵三の二女優子が衆議院議員をつとめる。

「小渕」も群馬県に多いが、長野県にまで広がっている。県順位四八九位。

ともに、長崎県では「こぶち」

と読む。

小保方【おぼかた】

群馬県独特の名字で、全国の六割以上が群馬県にあり、伊勢崎市の旧東村地区に小保方地名がある。

中世、利根郡川田（沼田市）の国衆に小保方氏がある。現在も伊勢崎市周辺に集中している。

光文社社長としてもカッパブックスや女性雑誌「ＪＪ」を創刊した小保方宇三郎は藤岡市の生まれ。県順位三二五位。

折田【おりた】

吾妻郡折田（吾妻郡中之条町）発祥で、江戸時代は名主をつとめた折田家がある。現在も中之条町に多い。

折茂【おりも】

西毛地区を中心に埼玉県北部にかけて多い名字。全国の半数以上が県内にある。清和源氏で、甲斐の源義光の末裔という。現在は藤岡市と高崎市に集中している。

恩田【おんだ】

利根郡恩田村（沼田市恩田町）の国衆に恩田氏があった。沼田氏の庶流で、発知景頼が恩田村に住んだのが祖という。永禄四年（一五六一）の関東幕注文（上杉家文書）には沼田衆として恩田氏の名がみえる。その後、恩田氏は真田家臣となって信濃国松代（長野市）に移った。

県順位三〇七位。館林市に多い。

か

書上【かきあげ】

群馬県独特の珍しい名字。佐位郡書上村（伊勢崎市）がルーツ。江戸時代は桐生新町の名主をつとめた。維新後、一一代目文左衛門は桐生織物の販売で海外にも進出。一二代目は県議もつとめた。現在は前橋市に集中している。

また、「撹上」とも書き、桐生市には旧家の撹上家がある。やはり伊勢崎市の出という。

柿沼【かきぬま】
埼玉県を中心に関東に集中している名字。とくに群馬・埼玉・茨城の三県に県境付近に多く、県内では東毛に集中している。
明和町に旧家の柿沼家がある。代々仙右衛門を称し、名主の傍ら江口河岸の問屋もつとめた。県順位一七九位。

掛川【かけがわ】
長野県の佐久地方に多い名字で、県内では西毛に集中している。とくに富岡市、下仁田町、南牧村に多い。甲斐源氏の末裔で、もとは武田氏の家臣だったという。

笠原【かさはら】
関東から信越地方にかけて多い名字。県順位は一一三位で、片品村では第五位の名字である。高崎市にも多い。

加増【かぞう】
関東地方に点在する名字で、とくに群馬県板倉町に多い。栃木県芳賀郡に地名がある他、楮(こうぞ)のことを「かぞう」という地域があり、これに由来する可能性もある。

片貝【かたがい】
群馬県独特の名字で、全国の半数以上が群馬県にある。「かたがい」とは、川の片側が山で、もう片方が平地となっている場所を指すという。中世、吾妻郡の地侍に片貝氏があった。現在は東吾妻町や前橋市に多い。

勝山【かつやま】
前橋市に多い名字。前橋城下の豪商に勝山家があった。滝川一益に仕えた勝山太郎兵衛が祖で、土着して商人に転じたという。江戸時代は質屋を営み、町年寄をつとめた。維新後は製糸業を興した。

金沢【かなざわ】
県順位二一〇位。前橋市富士見町横室に旧家の金沢家がある。もとは前橋藩主だった酒井家の家臣で、酒井家の姫路転封の際に嫡流は姫路に転じ、分家が横室で帰農した。のち酒造業・質商を営み、前橋藩主松平家の御用達もつとめた。

金谷【かなや】

上野国の国衆に、同国新田荘金谷（太田市）をルーツとする金谷氏があり、現在も太田市に集中している。

この金谷氏は清和源氏で、大館家氏の孫重氏が祖。『太平記』に新田義貞に従った金谷治部少輔の名が見える。戦国時代は由良氏の重臣で、金谷筑後守は上田島城（太田市）に拠った。また、金谷因幡守は藤生紀伊守とともに桐生城（桐生市）におり、その子孫は、江戸時代は今泉村（桐生市）で帰農した。

昭和の終わりに、「サーカス相撲」といわれて人気を博した大相撲の栃赤城は、本名が金谷雅男で沼田市の生まれである。県順位三一〇位。

鹿沼【かぬま】

下野国都賀郡鹿沼（栃木県鹿沼市）をルーツとする名字で、現在は栃木県よりも群馬県に多い。県内では前橋市と伊勢崎市に集中している。県順位四〇一位。

金田【かねだ】

西毛に集中している名字。とくに高崎市・甘楽町・富岡市に多い。県順位二〇〇位。

樺沢【かばさわ】

群馬県と新潟県に集中している名字。県内では前橋市に集中しており、旧富士見村では最多名字だった。富士見村の樺沢氏は、もとは佐藤氏といい、東北から移り住んだという。県順位二四三位。

加部【かべ】

群馬県独特の名字で、高崎市から吾妻郡にかけて集中している。吾妻郡大戸に豪農に加部家があった。平広常の末裔と伝え、永禄元年（一五五八）に大戸に来住して以後土着したという。江戸時代は大戸関の関所役人を世襲する傍ら、金融業や酒造業も営んで、同地を代表する豪商でもあった。代々安左衛門を名乗り、通称「加部安」といわれたが、明治初期に没落した。現在、東吾妻町大戸には邸宅跡が残っている。県順位三四六位。

上村【かみむら】

川の上流の方にある村という意味の方位由来の名字。東日本では「かみむら」、西日本では「うえむら」と読むことが多く、関東地方の群馬県では九割以上が「かみむら」である。県順位は三二三位で、高崎市から太田市にかけて多い。

亀井【かめい】

中毛から東毛にかけて多い名字で、伊勢崎市、みどり市、太田市などに集中している。県順位一九二位。

文芸評論家亀井秀雄は旧粕川村(前橋市)の生まれ。『中野重治論』『小林秀雄論』などで知られる。

唐沢【からさわ】

長野県に多い名字で、県内では吾妻郡に集中している。県順位一六一位。水が涸れた沢である「からさわ」に由来するか。また、渋川市・高崎市を流れる唐沢川もあり、これに由来するものもあるか。中世の吾妻郡に唐沢氏があった。

河合【かわい】

川の合流地点にちなむ名字で、みなかみ町に集中している。吾妻郡峰須川村(みなかみ町)の旧家に河合家がある。代々定右衛門を称し、天保一三年(一八四二)大庄屋を命ぜられた。その際に造られた役宅と書院は群馬県指定文化財である。

河内【かわうち】

「河内」には「かわうち」「かわち」「こうち」などの読み方があり、いずれの読み方も多いが、県内では圧倒的に「かわうち」である。川に囲まれた場所に由来する地形由来の名字。県順位四九三位。

川上【かわかみ】

川の上流に住んでいたことによる方位由来の名字。

全国順位は一三四位だが、県順位は三二八位とあまり高くない。北毛以外に広く分布している。

川田【かわだ】

東毛に集中している名字で、太田市や千代田町に多い。その他では沼田市にも多く、同地の川田氏は沼田氏の一族という。県順位一三九位。

神沢【かんざわ】

群馬県に多い名字。赤城山南麓に神沢川があり、その流域に住んだ一族が称した。県順位三〇二位。現在は北毛以外に広く分布している。

神田【かんだ】

本来は神様に供える田んぼにちなむものだが、広く神社が所有する田んぼを耕作する人たちが名乗った名字。また、そうした場所は神田という地名となっていることも多く、地名由来のものも多い。県順位三八一位。藤岡市や太田市に多い。

鎌原【かんばら】

海野氏の庶流。海野幸家の子幸房は上野国吾妻郡嬬恋村下屋に住んで下屋氏を称した。孫の幸兼の時上野国吾妻郡鎌原（嬬恋村鎌原）に移り、その子重友の時に鎌原氏を称した。戦国時代は鎌原城に拠って武田氏に属し、鎌原筑前守は天正三年（一五七五）の長篠合戦で討ち死にしている。江戸時代は松代藩の家老となったため、現在県内には極めて少なく、長野県に多い。

神戸【かんべ】

西毛に集中している名字で、下仁田町では第二位の名字である。下仁田町藤井の旧家の神戸家は桓武平氏で平清盛の子孫と伝え、伊勢国神戸に由来するという。県順位一六〇位。県内では九九％が「かんべ」だが、長野県では大半が「ごうど」である。

き

菊地【きくち】

関東以北に多い名字で、ほとんどの都県で一〇〇位以内に入っており、県順位一九九位の群馬県は関東以北では「菊地」の少ない県である。県内では東毛から西毛にかけて多く、とくに太田市や伊勢崎市に集中している。高崎市には地名もある。

木暮【きぐれ】

群馬県独特の名字。「木暮」は「こぐれ」と読むことが多いが、旧赤城村（渋川市）に集中している「木暮」は「きぐれ」である。また、伊勢崎市付近でも「きぐれ」が多い。県全体では三割弱が「きぐれ」と読む。

岸【きし】

地形由来の名字。「岸」は海や川の水辺だけではなく、地形の大きな変わり目を指したという。県内では、渋川市、吉岡町、高崎市に多い。伊香保の岸家はもともとは伊香保神社の神主で、江戸時代は温泉宿を経営する傍ら、代々名主を務めた。渋川宿にも岸家があり、白井長尾氏の一族の末裔と伝え、渋川宿の名主をつとめた。県順位一五四位。

木嶋【きじま】

前橋城下の豪商に木嶋家があった。菅原姓で南北朝時代の季家が祖という。代々上野国に住み、戦国時代には北条氏直のもとで群馬・勢多両郡の商人を支配していたと伝える。江戸時代も前橋藩の商人頭をつとめた。

北爪【きたづめ】

群馬県独特の名字で、全国の七割弱が群馬県にある。御所の北門に詰めたことから「北詰」となり、のちに「北爪」と変化したと伝える。

戦国時代は女淵五郷（前橋市）の国衆で、足利長尾氏や北条氏に属した。

江戸初期、高崎藩士だった北爪九蔵は大坂夏の陣で大坂城一番乗りを果たして酒井家の旗を城内に立てたことから藩主酒井家次から高崎城下に町を与えられ、九蔵町と名付けられた。その後、北爪家は主家の転封に従って高田、松代を経て、鶴岡藩士となった。

県順位一五三位。県内では、六割以上が前橋市に集中している。その他では伊勢崎市にも多い。

北村【きたむら】

「北の方角の村」という意味の方位由来の名字で、全国に広く分布する。県順位一二三〇位。県内では高崎市、太田市、板倉町に多い。

木部【きべ】

前橋市や高崎市にある名字。中世、緑野郡の国衆に木部氏がいた。同郡木部（高崎市）発祥で木部城に拠り、古河公方足利成氏に仕えた。永禄六年（一五六三）武田信玄の上野侵攻の際に落城、範虎は岳父長野業政の箕輪城に逃れた。のち武田氏に仕え、天正十年（一五八二）天目山で討死した。子貞朝は北条氏に仕え、同十八年小田原城で討ち死にしている。

桐生【きりゅう】

山田郡の武士に二つの桐生氏があった。一つは藤姓足利氏（将軍家とは別流）の足利俊綱の郎党であった桐生六郎を祖とするもので、一二世紀末に、主人俊綱が平氏に通じた際に、俊綱を討って御家人となろうとしたが、源頼朝に不忠として断罪された。

その後、下野佐野氏の一族という桐生又六郎行阿入道国綱が観応元年（一三五〇）に柄杓山城を築いて桐生氏を称している。戦国時代は東毛地区に大きな勢力を持ち、永禄三年（一五六〇）に上杉謙信が関東に侵攻すると、助綱（祐綱）は謙信に従っている。助綱には子がなかったため、佐野昌綱の五男親綱を養子に迎えたが、城内が不和となり、これに乗じた由良成繁に敗れて落城、佐野に逃れたものの支援を得られたが死去したため、滅亡した。

県順位四一八位。現在は新潟県に多く、県内では富岡市と伊勢崎市に多い。

く

工藤【くどう】

藤原氏の末裔。平安時代、藤原南家の為憲が木工助となり、木工助の「工」と藤原氏の「藤」をつなげて工藤氏を称したのが祖。六代維職の時に伊豆の押領使となって下向、伊東氏を称したが、曽孫祐経の時に工藤氏に復した。子孫は駿河国を中心に東国に土着して武士化した。

県順位二〇一位。西毛に多く、南牧村では第三位の名字となっている。

久保【くぼ】
地形由来の名字。窪んだ土地を意味する「窪」に、佳字である「久保」をあてたもの。
江戸時代、新町宿の代々五左衛門を称して本陣をつとめた久保家があった。
県順位一八四位で、県内には広く分布しているが、比較的西毛に多い。

熊川【くまがわ】
嬬恋村に集中している名字。県内の大半が嬬恋村にあり、同町では第九位の名字である。同村今井の熊川家は、もとは真田氏の家臣で、狩宿(長野原町)に住んで、近くを流れる熊川にちなんで熊川氏を称したという。
また名主をつとめた熊川家は信濃国の出で、木曽義仲の末裔ともいう。
県弁護士会長を経て、衆議院議員をつとめた熊川次男は嬬恋村の生まれ。

倉賀野【くらがの】

群馬郡倉賀野(高崎市)をルーツとする名字。児玉党で、秩父行高の子秀行が倉賀野氏を称したのが祖。応永年間に光行が倉賀野城(高崎市倉賀野町)を築城している。

戦国時代、倉賀野城に拠って上杉謙信に属した倉賀野直行(尚行)は、永禄八年(一五六五)武田信玄に敗れて落城、上杉謙信のもとに逃れた。

その後、武田信玄家臣の金井秀景が元亀元年(一五七〇)に倉賀野城主となり、倉賀野氏と改称した。武田氏滅亡後は北条氏に従い、天正十八年(一五九〇)北条氏とともに滅亡した。

現在は前橋市にある。

黒岩【くろいわ】
長野県北部から群馬県吾妻郡にかけての名字。吾妻郡大笹村(嬬恋村)の旧家に黒岩家がある。北甘楽郡黒岩郷(富岡市)から三六人で移り住んだと伝える。代々長左衛門を称し、名主の傍ら、沓掛街道大笹宿の問屋・本陣を兼ね、南木山の管理や酒造業などを営む有力者であった。名字帯刀も許されている。江戸時代中期には万座温泉の温泉株も譲り受けている。

現在は嬬恋村に集中しており、黒岩彰など冬季五輪に次々とスピードスケート選手を送り込んだことで知られる。県内順位一〇二位。

桑子【くわこ】

群馬県に多い名字。蚕のことを、古語で「くわこ」といい、これに「桑子」という漢字を当てたもの。養蚕の盛んだった桐生市・太田市付近に集中している。

群馬【ぐんま】

群馬郡にちなむ名字。現在でも群馬県に集中しており、前橋市周辺に多い。

前橋市元総社町の群馬家は前橋家は元は中島家で、前橋藩の御用商人で御用金の献納によって「群馬」の名字を賜ったという。緒方洪庵の適塾の塾生に群馬良三がおり、維新後は沼田で医師をつとめた。

け

毛塚【けづか】

栃木県南西部の名字で、県内では館林市に集中している。館林には代々茂平治を称して酒造業を営んでいた毛塚家がある。

見城【けんじょう】

群馬県と静岡県に集中している名字。県内では北毛に多く、とくに沼田市と渋川市に集中している。

吉岡町下野田には見城という地名があり、ここに見城(剣城とも)があった。また、東吾妻町には見城川があり、これらの地名がルーツか。

こ

小板橋【こいたばし】
群馬県独特の名字で、西毛に多い。県順位一八〇位で、安中市に集中している。「板橋」とは板で作った橋のこと。

鯉登【こいと】
前橋市の産泰神社の神主に鯉登家がある。もとは上総国小糸（千葉県）にちなむ小糸家だったが、宝暦一三年（一七六三）に社殿を改築した際、鯉の滝登りの夢を見たことから「鯉登」に改称したという。

小井土【こいど】
群馬県に多い名字。県内では西毛に多い。県全体の半数が下仁田町に集中、同町では第九位の名字である。県内順位四二〇位。なお、富岡市などでは「小井戸」とも書く。

上泉【こういずみ】
勢多郡の国衆に上泉氏があり、「かみいずみ」ともいう。藤原北家秀郷流で、大胡氏の一族。上泉城（前橋市上泉）に拠り、長野氏に従う。一族に、戦国時代の剣豪上泉信綱がいる。

高野辺【こうのべ】
群馬県独特の名字で榛東村に集中している。榛東村には旧家の高野辺家があり、平家の落人と伝えて本家は代々安太郎を襲名した。

香林【こうばやし】
淵名荘香林（伊勢崎市）発祥で、藤原北家秀郷流赤堀氏の庶流。足利氏に属した。現在は館林市にある。

小金井【こがねい】
関東地方に多い名字。県内には少ないが、新田荘小金井（太田市新田町）がルーツ。戦国時代は由良氏に属した。

小金沢【こがねざわ】
群馬県独特の名字で、全国の半数以上が群馬県にある。県内では西毛に集中しており、南牧村では第二位、下仁田町では第九位の名字である。県順位二四八位。

後閑【ごかん】

群馬県独特の名字。全国の七割以上が群馬県にある。

中世、碓氷郡の国衆に後閑氏がいた。清和源氏岩松氏の末裔といい、永禄三年(一五六〇)丹生城(富岡市)城主新田景純の子信純が武田信玄から後閑城(安中市)を与えられて後閑氏を称した。天正十年(一五八二)の武田氏滅亡後、長男刑部少輔・次男宮内大輔の兄弟は北条氏に仕えている。同十八年小田原落城で滅亡した。

県順位二七四位。高崎市に集中している他、前橋市や伊勢崎市にも多い。

小暮【こぐれ】

群馬県から埼玉県北部にかけての名字。とくに藤岡市や前橋市に集中している。勢多郡小暮村(前橋市富士見町小暮)、多胡郡小暮村(高崎市吉井町小暮)の地名がありルーツ。

佐波郡三郷村(伊勢崎市)の旧家に小暮家がある。維新後、英三郎は貴族院議員や伊勢崎銀行頭取などをつとめた。県順位一〇一位。

木暮【こぐれ】

群馬県の名字で、前橋市周辺に多い。伊香保温泉の名主に木暮家がある。戦国時代の白井長尾氏の家臣の末裔で、江戸時代は代々武太夫を称した。池田内閣の運輸相をつとめた木暮武太夫は末裔。

一族に木暮金太夫家、木暮八左衛門家があり、いずれも豪農であった。

なお、旧赤城村(渋川市)に集中している「木暮」は「きぐれ」と読む。県順位一〇八位。

小須田【こすだ】

長野県の佐久地方に多い名字で、県内では西毛に集中している。南牧村では第一〇位の名字で、信濃から移り住んだと伝える。

小沼【こぬま】

地形由来の名字。全国的には「小沼」は「おぬま」が多いが、県内では九四%が「こぬま」である。中毛から東毛にかけて多く、とくに太田市に集中している。

古美門【こみかど】

みどり市にある稀少名字。勢多郡花輪村（みどり市東町花輪）の旧家で、もとは「糸井」を称していた。江戸時代は代々大庄屋をつとめていた。

小山【こやま】

「小山」には「こやま」「おやま」と二通りの読み方があるが、県内では九七％が「こやま」である。県順位は一二八位で、前橋市から吾妻郡にかけて多い。榛東村では第九位の名字となっている。

さ

西窪【さいくぼ】

三原荘西窪（吾妻郡嬬恋村）をルーツとする名字で、海野氏の庶流。戦国時代は武田氏、真田氏に属した。現在は長野県に多く、県内では嬬恋村にある。

酒井【さかい】

地名由来の名字で、東北北部と沖縄を除いて全国にまんべんなく分布している。県順位は一五九位で、県内でも各地に広く分布している。

境野【さかいの】

関東地方の名字で群馬県に多い。ルーツは山田郡境野（桐生市境野町）で、戦国時代は那波氏に属した。江戸時代は帰農している。現在は伊勢崎市に集中している。参議院議員をつとめた境野清雄は桐生市の生まれ。弟の武夫は実業家で衆議院選挙に立候補したこともある。

坂田【さかた】

邑楽郡坂田郷（大泉町）がルーツ。金山城（太田市）に拠り、由良氏に従った。戦国時代は北条氏に属し、江戸時代は米倉氏に仕えて六浦藩士となった。

県順位二六六位。東毛から高崎市にかけて多い。

桜井【さくらい】

東毛地方の国衆に桜井氏がいた。鎌倉末期から活動が知られ、戦国時代には武蔵・常陸にも進出した。のち北条氏に属した。

県内では東毛から西毛に集中しており、とくに高崎市と安中市に集中している。

提橋・佐下橋【さげはし】

栃木県と群馬県の県境に集中している名字。下野国河内郡下ケ橋村（さげはし、宇都宮市下ケ橋町）と関係があるか。栃木県側の足利市や佐野市では「提箸」が、群馬県側の桐生市では「提橋」「佐下橋」が多い。

佐々木【ささき】

全国順位第一三位とメジャーな名字だが、県順位は一一〇位と低い。近江国蒲生郡佐々木（滋賀県近江八幡市）一カ所をルーツとする地名由来の名字で、武家となった宇多源氏の嫡流。県内ではまんべんなく分布している。比較的、富岡市や沼田市に多い。

里見【さとみ】

碓氷郡里見郷（高崎市）をルーツとする名字、清和源氏で、新田義重の子義俊が里見郷に住んで里見氏を称したのが祖。子義成は源頼朝に仕えて御家人となり、『吾妻鏡』にもその名がみえる。安房の戦国大名の里見氏も、この末裔という。現在は下仁田町に多い。

佐鳥【さとり】

群馬県独特の名字。全国の六割以上が県内にあり、高崎市、前橋市、渋川市に集中している。

群馬郡佐鳥村（前橋市）がルーツ。渋川市には旧家の佐鳥家がある。

佐貫【さぬき】

邑楽郡佐貫荘（群馬県）の武士に佐貫氏がいた。藤原北家小黒麻呂の子孫とも秀郷流ともいう。佐貫広綱は源頼朝に仕え、文治四年（一一八八）青柳城を築城した。南北朝時代一族は分裂し、衰退した。現在県内には少なく、みなかみ町にある。

佐俣【さまた】

群馬県独特の名字で、全国の七割近くが群馬県にある。富岡市を中心に西毛に集中している。県順位三八四位。

山同【さんどう】
群馬県独特の名字で、みどり市に集中している。同市の旧大間々町には旧家の山同家があり、江戸時代には代々名主をつとめ、子孫の山同賢治は大間々町長をつとめた。「山銅」とも書く。

し

塩野【しおの】
関東甲信越一帯に多い名字。県内の塩野氏は信濃国の出というものが多く、戦国時代は沼田氏や真田氏に従っていた。県順位三七三位。現在は沼田市と前橋市に多い。

設楽【したら】
群馬県・埼玉県・山形県の三県に多い名字。三河国設楽郡（愛知県）がルーツで、菅原姓という。代々松平氏に仕え、江戸時代は旗本となって嫡流は武蔵国加須（埼玉県加須市）を領した。県順位二一四位。前橋市、高崎市、藤岡市に集中している。

尻高【しったか】
吾妻郡の国衆に尻高氏がいた。白井城（渋川市）城主長尾伊玄の三男重儀が応永十年（一四〇三）に尻高城（高山村尻高）を築城して拠ったのが祖。天正八年（一五八〇）武田勝頼の上野侵攻で、利根郡宮野城主尻高左馬助、吾妻郡小城城主尻高摂津守が討たれて滅亡した。

柴崎【しばさき】
関東地方の名字で、群馬県から埼玉県北部にかけて多い。県順位は二〇七位で、渋川市、吉岡町、前橋市などに集中している。群馬郡柴崎村（高崎市）がルーツか。埼玉県の深谷市や寄居町にも多い。

柴田【しばた】
「柴」とは薪木（たきぎ）などになる小さな木のことで、山の麓に生える柴は重要な燃料であった。また、柴を田に漉（す）き込んで肥料にもしたことから、ここから柴田という名字が生まれた。県順位二一五位。前橋市と高崎市に多い。

渋川【しぶかわ】

清和源氏足利氏の庶流。鎌倉時代に足利泰氏の子義顕が上野国群馬郡渋川荘（渋川市）に住んで渋川氏を称したのが祖。代々足利氏に従い、室町時代には将軍家一族として重用された。貞治四年（一三六五）義行は九州探題に補任されたが下向できなかった。応永三年（一三九六）に満頼が下向、博多を本拠としたが少弐氏などに阻まれて九州探題としての本来の力は行使できなかったものの、肥前守護を務めるなど、九州北部には影響力を持っていた。跡を継いだ義俊は、同三十年に少弐満貞に敗れて博多を追われ、さらに肥前国で再起を目指したが、同三十二年再び敗れて衰退した。

その後は名目的に九州探題職を世襲、天文二年（一五三三）尹繁が大内氏に敗れ、子義長が討ち死にして滅亡した。一族はのちに佐賀藩士や大村藩士となった。

現在は前橋市に多い。

渋沢【しぶさわ】

群馬県、埼玉県、長野県の三県に集中している名字。県内では東毛に多く、とくに伊勢崎市と太田市に集中している。戦国時代、女淵郷（前橋市粕川町）に渋沢氏がいた。県順位二二五位。

渋谷【しぶや】

桓武平氏で相模国渋谷荘をルーツとする渋谷氏は、鎌倉時代に上野国にも所領を持っていたことから、県内の渋谷氏はその末裔か。県順位三九〇位で、県内にまんべんなく分布している。

志村【しむら】

小さな竹を「シノ」といい、こうした「シノ」の茂っている「シノ村」に、佳字である「志」をあてて「志村」としたことに由来する。

関東から東海地方にかけて多く、県内では高崎市から太田市にかけて広がっている。県順位二九三位。

下田【しもだ】

群馬郡西明屋村（高崎市箕郷

町）の旧家に下田家がある。伊豆国下田（静岡県下田市）の出身で、戦国時代は長野氏の重臣だった。長野氏滅亡後帰農し、江戸時代中期からは勝山藩の代官もつとめた。同家跡は県指定重要文化財である。

県順位一二〇位。前橋市周辺に集中している。

下山【しもやま】

県順位一四六位。東毛から西毛にかけて多く、とくに桐生市と富岡市に集中している。

周藤【しゅうとう】

群馬県と栃木県の県境付近に集中している名字。とくに桐生市と太田市に集中している。那須に由来する「須藤」が「周藤」と漢字が変化し、さらに読み方が「周」の読み方にしたがって「しゅうとう」と変わったものとみられる。

なお、島根県に集中している「周藤」は周防国に由来し、「すとう」と読む。県順位四一五位。

白井【しらい】

群馬郡白井荘（渋川市）の武士に白井氏がいた。桓武平氏千葉氏。義胤が白井山田に住んで白井氏を称し、子胤時の時に西国に移った。

県順位四二五位。現在は県内にまんべんなく分布している。

白石【しらいし】

西毛に多い名字で、とくに安中市と富岡市に集中している。

富岡市の旧家の白石家は桓武平氏で、備中国の出という。戦国時代は小幡氏の重臣だった。

県順位一三四位。

白倉【しらくら】

武蔵七党児玉党に属する武士に、甘楽郡白倉（甘楽町白倉）をルーツとする白倉氏がいた。秩父行弘の子成季が白倉氏を称したのが祖。室町時代は白倉城に拠り、山内上杉氏の重臣であった。戦国時代は武田氏、北条氏に従い、天正十八年（一五九〇）の豊臣秀吉の小田原攻めの際、重家が小田原城に入って戦い滅亡した。

現在は少なく、県内にまんべんなく分布している。

神宮【じんぐう】
群馬県に多い名字。全国の四割以上が群馬県にあり、西毛に集中している。中世、松井田にいた神宮氏は信濃国の出という。また妙義町の神宮氏は伊勢神宮の出という。県順位二二〇位。

神保【じんぼ】
関東地方と新潟県・山形県に多い名字で、上野国多胡郡神保(高崎市吉井町)がルーツ。越中の戦国大名の神保氏も一族。県内では高崎市や中之条町などに多い。県順位二五〇位。「じんぼう」とも読む。

す

須賀【すが】
戦国時代の倉賀野衆に須賀氏がいた。橘姓で倉賀野衆の有力一族だった。江戸時代、中山道倉賀野宿の脇本陣兼倉賀野河岸の船積問屋をつとめた須賀家は末裔。
この他、武蔵七党横山党一族の須賀氏の末裔という一族も多い。
県順位二七二位。西毛から中毛にかけて多い。

菅谷【すがや】
関東地方一帯に広がる名字だが、県内ではあまり多くない。
高崎藩家老に菅谷家がある。藤原姓で、代々大河内家に仕えた。元禄一四年(一七〇一)元清のとき家老となり、以後代々家老をつとめた。元清の孫清章の代に、清章の弟清乗が分家して番頭となり、その子清成は帰雲と号した書家として知られる。

諏訪【すわ】
長野県諏訪地方をルーツとする名字で、同地に古代から栄えた諏訪氏の一族と伝えるものが多い。県内では東毛に集中しており、とくに伊勢崎市と桐生市に多い。県順位二八四位。

せ

瀬下【せじも】

甘楽郡瀬下荘（富岡市）の武士に瀬下氏がいた。『保元物語』に「瀬下の太郎」、『吾妻鏡』に「瀬下四郎広親」の名がみえる。室町時代には山内上杉氏家臣の総社衆に瀬下豊後守がおり、末裔とみられる。

なお、武田氏の上野進出に伴ってその麾下（きか）に入り、のち真田氏の家臣となった一族もある。

現在は前橋市や高崎市に多い。

世良田【せらだ】

上野新田氏の庶流で、新田郡新田荘世良田郷（太田市世良田）がルーツ。清和源氏新田氏の庶流。鎌倉幕府に仕えて、世良田郷の地頭となる。南北朝時代は南朝に属した。徳川家康はこの子孫を称している。

膳【ぜん】

中世、勢多郡の国衆に膳氏がいた。鎌倉幕府問注所執事三善康信の子孫と伝える。膳城（前橋市粕川町膳）に拠り、上杉氏に属していた。戦国時代、宗次は上杉謙信に仕えたが、元亀三年（一五七二）渋川氏に敗れて落城した。

伊勢崎宿に薬種紙商の膳家があり、膳宗次の子孫と伝える。戦後物価庁長官をつとめ、第一回参議院議員選挙で全国区から当選した膳桂之助は末裔。

そ

園田【そのだ】

中世、山田郡園田御厨（太田市・桐生市）をルーツとする園田氏がいた。藤原北家秀郷流で藤姓足利氏の庶流という。鎌倉時代は御家人となる。戦国時代は由良氏に属した。天正十八年（一五九〇）の豊臣秀吉の小田原攻めで由良氏が没落、園田氏も滅亡した。県順位四六五位。桐生市に多い。

反町【そりまち】

群馬県・新潟県・埼玉県の三県に多い名字で、県内では高崎市に集中している。

中世、新田郡反町（太田市新

田町）を本拠とする武士に反町氏があり、新田氏と同族であるという。戦国時代に帰農し、江戸時代は代々藤右衛門を称して群馬郡京目村（高崎市）の名主をつとめた。県順位二九一位。

た

高井【たかい】

中世、群馬郡高井（前橋市）を本拠とする高井氏がいた。

高崎市柴崎町の進雄（すさのお）神社神官にも高井家があった。牛頭天王と言われた室町時代から代々神職をつとめる。同家文書は高崎市指定重要文化財である。県順位二六〇位。沼田市や川場村に多い。

田貝【たがい】

群馬県に多い名字で、全国の四割以上が群馬県にある。県内では西毛に集中しており、とくに南牧村に多い。

高尾【たかお】

西日本に多い名字。県内では、甘楽郡高尾（富岡市上高尾・下高尾）の武士に高尾氏があった。鎌倉幕府滅亡後、高尾小太郎入道跡の「高尾村地頭職」が熊谷直経に与えられている。現在は東毛から西毛にかけて分布している。

高木【たかぎ】

北毛以外に広く分布している名字。とくに伊勢崎市に多い。

江戸時代は、新田郡亀岡村（太田市新田）に足尾銅山産出の御用銅問屋をつとめた高木家があった。県順位一一七位。

都木【たかぎ】

群馬県独特の名字で、高木から漢字が変化したものか。戦国時代、長尾氏の家臣に都木氏の名が見える。のち元総社村（前橋市）で帰農した。

戦前に県議会議長をつとめた都木重五郎も前橋市の生まれ。

高草木【たかくさき】

群馬県独特の名字で、全国の約七割が群馬県にある。みどり市と桐生市に集中しており、みどり市の旧東村では第四位の名字だった。
勢多郡花輪村（みどり市東町花輪）の旧家に高草木家がある。花輪村の名主をつとめる傍ら、御用銅問屋でもあった。現存する住宅は国登録の有形文化財となっている。県順位二二八位。

高瀬【たかせ】

甘楽郡高瀬（富岡市）をルーツとする高瀬氏がある。同地の草分の末裔と伝え、戦国時代は武田氏に属した。
邑楽郡大久保村（板倉町）に豪農の高瀬家があった。代々仙右衛門を称して名主をつとめていた。江戸時代後期の当主は「合の川政五郎」と称した博徒の親分でもあった。

県順位二四九位。東毛に多く、とくに板倉町とみどり市に集中している。

高田【たかだ】

全国に広く分布している名字。県内では太田市と伊勢崎市に多い。
甘楽郡の国衆に高田氏がいた。清和源氏頼光流。源光国の子盛員は初め美濃国に住んでいたが、のちに上野国菅野荘高田郷（富岡市妙義町）に移り、高田氏を称した。建久元年（一一九〇）源頼朝が上洛したときの随兵のなかに高田太郎の名がみえる。南北朝時代は南朝に属した。戦国時代、上杉憲政、武田信玄、北条氏直を経て、天正十九年（一五九一）直政の時徳川家康に仕える。江戸時代は旗本となった。
モントリオール五輪で金メダルを獲得したレスリングの高田裕司選手は太田市の生まれ。県内順位一〇六位。

高野【たかの】

県内にまんべんなく分布している名字。比較的みどり市や大泉町に多い。県順位一三三位。

高林【たかばやし】

邑楽郡高林（太田市）をルーツとする、清和源氏新田氏の庶流に高林氏がある。現在は安中市と富岡市に集中している。

高柳【たかやなぎ】

伊勢崎市とみなかみ町に集中している名字。伊勢崎市の旧家の高柳家は藤原北家秀郷流という。県順位一五八位。

高山【たかやま】

緑野郡の国衆に高山氏がいた。桓武平氏で、秩父将恒の子孫の重遠が高山郷（藤岡市）に住んで高山氏を称したという。南北朝時代、高山重栄は新田義貞に属した。戦国時代は、上杉氏、武田氏、北条氏などを経て、由良氏に仕え、天正十八年（一五九〇）の由良氏の滅亡とともに新田郡下田島（太田市）で帰農した。子孫から高山彦九郎が出ている。一族に館林藩重臣の高山家もある。

県順位は一一九位で、県内に広く分布する。前橋市、太田市、片品村などに多い。

滝沢【たきざわ】

長野県と新潟県に多い名字で、県内では嬬恋村に集中している。同地の滝沢家は清和源氏新田氏の一族という。草津町と高崎市にも多い。県順位一五五位。

田口【たぐち】

高崎市周辺と東毛に集中している名字。明和町では第三位の名字となっている。戦国時代、玉村に北条氏に属した田口氏がいた。県順位一一四位。

武【たけ】

伊勢崎城下に武家があった。代々孫右衛門を称し、船積問屋をつとめた。維新後は孫平を名乗り、初代伊勢崎町長もつとめている。現在も伊勢崎市とその周辺に集中している。

竹腰【たけごし】

高崎市箕郷町の旧家。寛政年間に越後国から来住したといい、十一屋と号して酒造業を営み、銘酒「友鶴」の醸造元であった。戦後、二代目徳蔵は第一回参議院議員選挙に当選、昭和三十五年には県知事選に立候補したが投票日直前に急死し、弟の俊蔵が出馬して当選した。

竹林【たけばやし】

清和源氏里見氏の一族に、新田郡竹林をルーツとする竹林氏がある。現在県内には少なく、高崎市周辺にある。

多胡【たご】

群馬県に多い名字で、多胡郡多子（高崎市吉井町多胡）がルーツ。『源平盛衰記』に木曽義仲に従った多胡次郎家包の名があり、『吾妻鏡』にも御家人として多胡氏が登場する。津和野藩家老の多胡家は末裔。現在は安中市と高崎市に集中している。

田辺【たなべ】

古代、朝廷の管理する田である屯倉を耕作する人たちを、「たべ」「たなべ」と呼び、この田部の子孫たちが名字としたのが「田部」や「田辺」である。

また、こうした田部のあった場所は「田部」や「田辺」という地名となり、ここに住んだことで「田辺」を名乗った一族も多い。

社会党の重鎮だった田辺誠は前橋市の生まれ。父は新潟県出身で、前橋老人ホーム院長として知られた。

県順位二九五位。吾妻郡以外に広く分布している。

田面【たなぼ】

群馬県独特の名字で、桐生市・みどり市に多い。前橋市粕川町の「たなぼ」地名がルーツ。

なお、岩手県久慈市と青森県新郷村に集中している「田面」は「たおもて」、神奈川県横須賀市や徳島県北島町では「たづら」と読む。

田沼【たぬま】

関東地方に集中する名字で、とくに埼玉県・群馬県・栃木県の県境に多い。ルーツは下野国安蘇郡田沼（栃木県佐野市田沼）で、藤原北家秀郷流佐野氏の庶流の田沼氏が知られる。中世、勢多郡女淵郷（粕川村）にいた田沼氏も一族か。県順位三二九位で、東毛に集中している。

田部井【たべい】

群馬県に多い名字で、全国の半数弱が群馬県にある。ルーツは佐波郡田部井（伊勢崎市田部井）。同地は古くは「田部賀井」と書かれ、「ためがい」ともいう。清和源氏新田氏の庶流。新田義重の子孫経氏が田部井を開発して田部井氏と称した。元弘三年（一三三三）の分倍河原合戦で田部井泰寛が戦死している。戦国時代には上杉氏に属していた。

現在は前橋市から東毛にかけて集中している。県順位一四〇位。

玉村【たまむら】

中世、那波郡玉村御厨(玉村町)を本拠とする玉村氏がいた。『吾妻鏡』にも「玉村太郎・与藤次」の名がみえる。玉村御厨はのちに安達氏の所領となったため、玉村氏も安達氏の被官になったとみられる。霜月騒動で安達氏が滅亡したことから以後は不明で、現在も県内には少なく、前橋市や高崎市にある。

田山【たやま】

館林藩士に田山家がある。陸奥国二戸郡田山村(岩手県)がルーツといい、山形藩主時代の秋元家に仕え、のちその転封に従って館林藩士となった。作家田山花袋は末裔。現在は県内に点在する。

ち

千明【ちぎら】

群馬県独特の名字で、全国の三分の二が群馬県にある。県内では県の北部に多い。とくに沼田市、渋川市、利根郡片品村に集中している。

渋川市の伊香保温泉で仁泉亭を経営する旧家の千明家がある。代々三右衛門を称している。片品村にも旧家の千明家があり、競走馬の生産やホテル経営などで知られる。

県順位二一三位。「千木良」「千吉良」「千輝」とも書く。

つ

築比地【ついひじ】

群馬県独特の名字。佐貫氏の一族で、邑楽郡築比地郷がルーツという。現在も邑楽町から太田市にかけて集中している。「対比地」とも書く。

塚田【つかだ】

「塚」とは人口的に地面を盛り

上げた場所を指し、一般的にいわれる墓とは限らない。「塚田」はそうした場所にあった田のことで、とくに長野県に多い。

県順位二三七位。県内では前橋市と高崎市に多い。高崎市の旧群馬町には地名もあり、ここをルーツとするものも多いか。

月岡【つきおか】

沼田藩重臣に月岡家がある。下野国の出で、常陸月岡城主となって月岡氏を称したという。戦国時代は北条氏に属し、その滅亡後は近江国に逃れた。広吉のとき土岐定政に招かれて、その孫上山藩主土岐頼行に仕えた。勝応は家老となり、その曾孫勝澄も家老となった。県内には少なく、各地に点在する。

津久井【つくい】

群馬県と栃木県に多い名字。中世、勢多郡女淵村（粕川村）に国衆の津久井氏がいた。

利根郡下久屋村（沼田市）の津久井氏は相模国津久井郷の出で、桓武平氏三浦氏の一族という。

前橋城下には酒造業と油屋を兼ねた豪商の津久井家があった。江戸時代末期には名字を許されている。

現在県内では太田市、渋川市、桐生市などに集中している。県順位一三五位。

堤【つつみ】

地形由来の名字。県内には広く分布しているが、昭和村では第六位の名字となっている。

高崎藩家老に堤家がある。藤原姓で明暦三年（一六五七）初代幸政が松平信綱に仕えた。四代幸将と五代時敏が年寄、六代順美と七代精一が家老をつとめた。県順位一九六位。

鶴淵【つるぶち】

群馬県に多い名字。戦国時代、沼田氏の家臣に鶴淵氏があった。現在も沼田市白沢町に集中している。

て

勅使川原【てしがわら】

武蔵国賀美郡勅使河原（埼玉県児玉郡上里町勅使河原）をルーツとする名字で、丹党の一つ。漢字は「勅使河原」と「勅使川原」があり、県内では「勅使川原」が多い。前橋市から富岡市にかけて集中している。

寺尾【てらお】

片岡郡寺尾郷（高崎市）をルーツとする武家の寺尾氏がある。鎌倉時代は幕府の御家人で、室町時代は上杉氏に従い、応永八年（一四〇一）寺尾憲清は伊豆守護代をつとめた。現在は県内には少なく、各地に点在する。

と

東宮【とうみや】

群馬県独特の名字。みどり市東町の東宮家は新田氏家臣の末裔と伝える。前橋市の旧宮城村の旧家の東宮家はこの一族といい、維新後は代々宮城村長をつとめた。現在も前橋市、桐生市、みどり市に集中している。

土岐【とき】

沼田藩主の名字。土岐氏の一族で土岐郡明智に住んで明智氏を称していたが、天文年間（一五三二～五五）土岐頼芸と斎藤道三との合戦で定明が討ち死にしたため、幼少の定政は母方の親類を頼って三河国に逃れ、母方の叔父菅沼定仙のもとで成長した。明智光秀と同族であることをはばかって一時菅沼姓を名乗ったのち、土岐に復して徳川家康に仕えたのが祖。

天正十八年（一五九〇）の関東入国ののち下総国相馬郡に一万石を賜り、守谷に住む。子定義は摂津高槻（大阪府高槻市）で二万石に転じ、子孫は出羽国上山二万五〇〇〇石、駿河田中三万五〇〇〇石を経て、五代頼稔の寛保二年（一七四二）上野沼田三万五〇〇〇石に入封した。明治十七年（一八八四）頼知のとき子爵となる。

沼田藩主頼殷の次男頼郷は享保六年（一七二一）に三五〇〇石

を分知されて旗本となった。三代頼香は駿府町奉行、幕末の頼礼は海軍奉行並となっている。

現在、県内には少ない。

戸塚【とつか】

高崎市周辺に多い名字。県順位一八五位。三野倉村(高崎市倉渕町)の旧家に戸塚家があった。武田氏の遺臣の末裔といい、江戸時代は名主をつとめた。

戸丸【とまる】

群馬県独特の名字。全国の七割が群馬県にある。県内では沼田市、川場村、片品村に集中しており、川場村では第六位、片品村では第七位の名字となっている。県順位三九八位。

都丸【とまる】

群馬県独特の名字。全国の八割弱が群馬県にある。渋川市と前橋市に集中している。渋川市の旧赤城村で六位、旧北橘村で一〇位の名字となっている。

三国街道金井宿(渋川市)に旧家の都丸家がある。戦国時代に勢多郡から金井宿に移り住み、代々金井村の名主をつとめた。県順位一五一位。

富岡【とみおか】

邑楽郡の国衆に富岡氏がある。藤原北家秀郷流で結城氏の一族。延徳元年(一四八九)小泉城(大泉町)を築城した。五代目は小山高朝の子重朝が継いで富岡秀朝(秀高)となっている。上野国衆として北条氏に属し、天正十八年(一五九〇)の豊臣秀吉の小田原攻めでは秀朝が館林城に籠城、石田三成に敗れて滅亡した。

高崎藩重臣の富岡家は、小泉城主富岡氏の末裔と伝える。幕末に『上野名跡考』を著した富岡正忠が著名。

現在は県内に広く分布し、高崎市、太田市、甘楽町などに多い。県順位一六八位。

富田【とみた】

中毛から西毛にかけて多い名字。とくに、高崎市や富岡市に集中している。

例幣使街道玉村宿に旧家の富田家がある。藤原北家秀郷流といい、代々玉村宿の問屋・名主をつとめた。
　県順位一六七位。

鳥山【とりやま】
　新田荘鳥山郷(太田市)の武士に鳥山氏がいた。清和源氏で里見義成の子時成が鳥山郷の開発領主となって、鳥山氏を称したという。
　現在は、渋川市、前橋市、東吾妻町に多い。

な

内藤【ないとう】
　藤原姓で、内舎人となった藤原氏の末裔。一般的には藤原秀郷の子孫で、源頼朝に仕えた内藤盛家を祖とするというものが多いが、盛家にいたる系譜はわかっていない。
　関東から東海にかけて多く、群馬県は関東地方としては「内藤」の少ない県である。県順位は三〇九位で、県内には、まんべんなく分布している。

長井【ながい】
　高崎市と前橋市に集中している名字。戦国時代、武蔵国の御嶽城(埼玉県神川町)城主で北条氏に従っていた平沢政実は、元亀元年武田氏の侵攻を受けてその下に下り、以後は長井氏を称した。のち上野の三ツ山城(藤岡市)に転じ、武田氏滅亡後は越後に逃れて、江戸時代は旗本となった。県順位二〇二位。

長岡【ながおか】
　県順位二二四位。中毛から西毛にかけて広く分布し、とくに甘楽町に集中している。

長倉【ながくら】
　館林市に集中している名字。清和源氏佐竹氏庶流の長倉氏の一族と伝える。佐竹氏の出羽移封に従わず、館林に来住したという。

中里【なかさと】
　北毛以外に広く分布している名字。戦国時代の後閑氏の重臣に中里氏があり、清和源氏新田氏の一族という。現在は、とくに前橋市と桐生市に多い。県順位一五二位。

長沢【ながさわ】

地形由来の名字で、東日本一帯に広く分布している。県順位二二六位。中毛と東毛に集中しており、とくに桐生市とみどり市に多い。

中曽根【なかそね】

群馬県と長野県に多い名字で、県内では高崎市に集中している。碓氷郡上里見村(高崎市)の旧家に中曽根家がある。甲斐国八代郡中曽根(山梨県)発祥で、藤原北家秀郷流という。武田信玄の家臣内藤修理に仕え、上野の長野氏の滅亡後上野に移ったという。江戸時代は名主で問屋をつとめた。明治維新後、初代松五郎は材木商として財をなし、二代松五郎の時高崎に進出。その次男が元首相の中曽根康弘である。

長沼【ながぬま】

伊勢崎市に集中している名字で、前橋市や太田市にも多い。沼田に直心影流長沼道場の長沼家があった。祖光徳は下野国の出で、高橋重治に神影流を学び、一流を興して直心影流と称し、下野烏山藩に仕えた。子国郷は晩年に沼田藩主土岐定経から師範就任を要請された際に、弟子の頼剛を推挙、頼剛は長沼氏を称して沼田藩の剣術師範となった。以後、代々長沼道場師範として沼田藩に仕える。県順位三四三位。

中山【なかやま】

県内に広く分布している名字。比較的、安中市や高崎市に多い。昭和後半に一世を風靡したプロボウラー中山律子は草津町の生まれ。県内順位一〇九位。

南雲【なぐも】

新潟県から群馬県にかけて多い名字で、県内では渋川市、前橋市、吉岡町に集中している。

沼田街道溝呂木宿(渋川市)に旧家の南雲家がある。越後から移り住んだといい、山林地主として知られた。一族は溝呂木宿の問屋もつとめた。県順位一七五位。

那波【なは】
那波郡の国衆に那波家があり、「なわ」ともいう。大江姓。大江広元の子政広が那波氏を継承したのが祖。室町時代は上杉氏の被官だった。その後北条氏に属し、永禄三年(一五六〇)の上杉謙信の関東入りに抵抗して滅亡した。その後、一族の顕宗が上杉氏のもとで今村城主として再興したが、天正十八年(一五九〇)出羽仙北で討ち死にした。江戸時代は米沢藩士となり、安田氏を称した。
現在、県内には少なく、前橋市にある。

生須【なます】
群馬県独特の名字で、中之条町に集中している。平家の落人の末裔といい、中之条町六合の生須に住んで生須氏を称したと伝える。のち追手を逃れて中之条町名沢に転じて帰農したという。
なお、中之条町には「生巣」と書く名字もある。

奈良【なら】
秋田県以北に多い名字で、県内では前橋市、渋川市、明和町に集中している。とくに、明和町では第二位の名字となっている。
県内の奈良氏は武蔵の成田氏の一族というものと、橘奈良麻呂の末裔というものがある。県順位一七八位。

に

新野【にいの】
新田荘新野郷(太田市新野)をルーツとする、清和源氏岩松氏庶流の新野氏がある。現在は安中市に多い。

庭屋【にわや】
群馬県独特の名字で、西毛に点在する。中世、甘楽郡の国衆に庭屋氏がいた。同郡庭谷(甘楽町)発祥。藤原北家。戦国時代、庭屋直澄は根小屋城に拠って北条氏に属した。江戸時代は帰農している。

ぬ

椚島【ぬでしま】
　高崎市吉井町に旧家の椚島家がある。群馬郡椚島郷（前橋市）がルーツで新田義貞に従っていたが、義貞の討ち死に後は吉井に住んだという。江戸時代は代々名主をつとめた。

沼田【ぬまた】
　利根郡の国衆に沼田氏がいた。桓武平氏三浦氏。景朝は小沢城（沼田市町田町小沢）に拠り、顕季の時沼田城を築城。のち上杉氏に従うが、顕泰（万鬼斎）が次男弥七郎と対立したことから、弥七郎の妻の実家長野氏の攻撃を受けて越後に逃亡した。
　その後、弥七郎が死去したため、沼田は北条氏が支配し、一族の北条康元が沼田城に入って沼田氏を称した。永禄三年（一五六〇）越後長尾氏によって北条氏が追われ、再び顕泰が沼田城に戻った。
　天正二年（一五七四）子景義（平八郎）のとき由良氏に通じたことから、越後上杉氏によって沼田城を追われた。
　現在は、伊勢崎市や高崎市に多い。

は

蓮沼【はすぬま】
　東毛に多い名字。新田荘細谷村（太田市）に旧家の蓮沼家がある。武蔵国足立郡蓮沼村（埼玉県）がルーツで、上野国に転じて新田氏の家臣となったという。江戸時代は代々名主をつとめ、名字帯刀を許されていた。

蓮見【はすみ】
　関東地方の名字で、埼玉県と群馬県の県境付近に多い。とくに板倉町に集中している。県順位四七九位。

畑【はた】
　関西に多い名字で、群馬県では少ない。

江戸時代、七日市藩医に畑家があった。新田氏の家臣畑六郎左衛門時能の末裔と伝える。代々七日市藩医をつとめ、江戸中期から幕末にかけての、金鶏・銀鶏・鉄鶏の三代が著名。

現在は県内に点在する。

蜂須賀【はちすか】

吾妻郡から高崎市にかけての名字。東吾妻町の岩鼻は、かつては集落すべて「蜂須賀」だったといい、足利氏の一族と伝える。現在も東吾妻町に多い。

服部【はっとり】

古代、機織りを司った服織部(はたおりべ)にちなむ職業由来の名字。文字からは真ん中の「織」が欠落し、発音上は最後の「べ」が落ちて、「はたおりべ」→「はたおり」→「はっとり」となったもの。

県順位二六四位。東毛に多く、とくに太田市と大泉町に集中している。

羽鳥【はとり】

服織部に由来する服織(はとり)から漢字が変化したもの。群馬県から埼玉県北部にかけて多い名字で、とくに埼玉県北埼玉郡川里町や群馬県佐波郡玉村町に集中している。

渋川市に旧家の羽鳥家がある。白井長尾氏の家臣の末裔といい、江戸時代は渋川村の名主をつとめ、名字帯刀も許されていた。渋川宿の問屋をつとめた羽鳥家も一族。県順位一三〇位。

羽尾【はねお】

吾妻郡の国衆に羽尾氏がいた。同郡羽根尾(長野原町)発祥。海野氏の庶流。戦国時代は羽尾城に拠って鎌原氏と争い、一旦和議を結んだものの、永禄五年(一五六二)に敗れて信濃国高井郡に落ちた。

現在は県内には少なく、伊勢崎市にある。

早川【はやかわ】

中毛から東毛にかけて多い名字。とくに館林市に集中している。戦国時代、北条氏に属していた厩橋(前橋)代官をつとめた早川氏がある。県順位一九三位。

原沢【はらさわ】

群馬県に多い名字で、全国の半数近くが群馬県にある。とくにみなかみ町に多く、旧新治村では第三位、旧月夜野町で第四位の名字だった。

吾妻郡師田村(みなかみ町)に大黒屋と号した豪商の原沢家がある。代々金右衛門を称し、酒造業の他、越後からの酒の中継もした。また、猿ヶ京で伐採される黒部板を江戸に売りさばく販売元でもあり、師田村の名主もつとめていた。

この他、吉岡町にも多い。県順位一七〇位。

原島【はらしま】

埼玉県秩父地方を中心に、東京都奥多摩から群馬県東部にかけて広がる名字。宣化天皇の末裔という多治比氏の子孫である武蔵七党丹党の一族で、武蔵国大里郡原島村(埼玉県熊谷市)がルーツ。

県順位は四〇六位で、太田市に集中している。

春原【はるはら】

信濃春原(すのはら)氏の一族が真田氏とともに吾妻郡に入り、富沢と改称したのちに春原(はるはら)氏に戻したという。現在は高崎や川場村に多い。

ひ

引田【ひきだ】

群馬県と茨城県に多い名字。戦国時代、勢多郡引田郷(前橋市富士見町引田)の国衆に引田氏がいた。永禄四年(一五六一)の長尾輝虎(上杉謙信)の関東幕注文(上杉家文書)には「厩橋衆」として引田伊勢守の名がみえる。現在は藤岡市や高崎市に多い。

樋口【ひぐち】

剣豪樋口定次は信濃樋口氏の子孫という。のち高重が上野国吾妻郡小宿村に移り、上杉顕定に仕えた。明応九年(一五〇〇)馬庭に移り、永正七年(一五一〇)顕定が死去したため主家を離れた。その孫が定次で慶長年間に馬庭念流を開いた。

榛名町の樋口氏も信濃樋口氏の末裔という。

県順位一一二位。県内に広く分布し、高崎市や沼田市に多い。

彦部【ひこべ】

群馬県桐生市の名字。高階姓で、山田郡国衆に末裔。康和四年(一一〇二)惟頼が陸奥国菊多郡の検断職となって下向したのが祖といい、その後、陸奥国斯波郡彦部(岩手県紫波郡紫波町彦部)に移って彦部氏を称したという。光春は足利尊氏に従って各地を転戦、以後代々室町幕府に仕えた。戦国時代、由良成繁から山田郡広沢郷(桐生市)を与えられている。以後広沢に土着して由良氏に属した。

現在、桐生市広沢にある彦部家住宅は国の重要文化財に指定されている。

備前島【びぜんじま】

太田市の旧尾島町にある備前島がルーツで、藤原秀郷の末裔という。江戸時代には代々名主をつとめた。現在も旧尾島町域を中心に太田市に集中している。

兵藤【ひょうどう】

渋川市に集中している名字。藤原北家で、秀郷の末裔と伝える。県順位四二七位。

平井【ひらい】

県順位二〇五位。県内にはまんべんなく分布するが、比較的高崎市、沼田市、藤岡市などに多い。

平形【ひらかた】

群馬県独特の名字で、全国の六割以上が群馬県にある。

三国街道中山宿(高山村中山)の旧家に平形家がある。戦国時代には平形丹波と称して、中山城に拠っていた。落城後、中山宿に土着、江戸時代には中山宿本宿の郷左衛門家(平形丹波家)と徳右衛門家(平形和泉家)、分家して新田宿を開いた作右衛門家の三家に分かれ、両宿の本陣・問屋をつとめた。本陣跡は国登録有形文化財である。

県順位は三三八位で、北毛に

広く分布し、高山村では第三位の名字となっている。渋川市にも多い。

広神【ひろがみ】

群馬県独特の名字で、全国の八割近くが群馬県にある。江戸時代は代々中里見村（高崎市榛名町）の名主をつとめた。現在も高崎市の中里見・上里見・下室田に集中している。

広瀬【ひろせ】

「広い瀬」にちなむ地形由来の名字。県順位二二一位。北毛以外に広く分布し、高崎市と太田市に多い。前橋市には利根川の旧流路といわれる広瀬川があり、地名もある。

ふ

笛木【ふえき】

新潟県南魚沼市から群馬県利根郡にかけて集中している名字。戦国時代、緑野郡笛木（高崎市新町）をルーツとする笛木氏があり、北条氏の家臣であった。また、江戸時代の三国街道永井宿（みなかみ町）には本陣で庄屋も兼ねた酒造家の笛木家があった。

県順位三六四位。みなかみ町と沼田市に集中している。

深沢【ふかざわ】

山梨県と静岡県東部に多い名字で、県内では、高崎市、前橋市、桐生市、みどり市に集中している。県内のルーツは勢多郡深沢（桐生市黒保根町・太田市）で、戦国時代、北条氏に属した深沢氏がいた。旧黒保根村では第五位の名字だった。県順位一二五位。

福沢【ふくざわ】

長野県に多い名字。県内では、新田荘福沢村（太田市）をルーツとする清和源氏岩松氏庶流の福沢氏があった。現在は県内には少なく、各地に点在する。

藤生【ふじう】

群馬県独特の名字。桐生市付近に集中しており、山田郡広沢郷（桐生市広沢町）の旧家に藤生家がある。戦国時代は桐生城の家老だったと伝え、江戸時代は機業家として知られた。江戸後期に建立された住宅は登録有形文化財である。県順位二八三位。なお、旧赤堀町を中心に「ふじゅう」とも読む他、太田市の旧薮塚本町などでは「ふじお」とも読む。

藤掛【ふじかけ】

東毛地区の名字。藤原北家郷流の下野小山氏の一族で、戦国時代に由良氏に従い、のち帰農したという。現在は太田市と桐生市に集中している。

藤田【ふじた】

中毛から東毛にかけて多い名字。戦国時代、利根郡の沼田城(沼田市)城主に藤田氏がいた。武蔵国榛沢郡の国衆で、猪俣党藤田氏の一族。県順位一八一位。

藤巻【ふじまき】

関東西部から甲信越地方に集中している名字で、県内では高崎市と安中市に集中している。高崎市新町の藤巻家は甲斐武田氏の遺臣の末裔という。県順位三六〇位。

藤原【ふじわら】

源平藤橘と称される四大姓の一つ。全国三三都道府県で二〇〇位までに入っているなど全国に広く分布しており、群馬県は全国的にみても「藤原」の少ない県の一つ。県順位は四四四位で、前橋市と高崎市に多い。

毒島【ぶすじま】

群馬県独特の難読名字。ブスとはトリカブトの毒のことで、トリカブトの自生していた場所にちなむ。戦国時代岩松氏の家臣に毒島氏があった。赤堀氏の庶流といい、沼の中の島状のところに毒島城を築いて拠っていた。現在も桐生市に集中している。東映などで活躍したプロ野球選手に桐生市出身の毒島章一がいた。

ほ

保坂【ほさか】

七日市藩家老に保坂家があった。藩祖前田利孝が加賀藩から分家して七日市藩を創立した際に、加賀藩から移り住んだ家で、代々家老をつとめた。幕末の家老保坂正義は、慶応二年の藩の騒擾(そうじょう)事件の解決に尽力した。維新後は「保阪」に改称している。

県順位四六三位。県内に広く分布する。

干川【ほしかわ】

群馬県独特の名字。全国の四分の三以上が群馬県にあり、県内の大半が嬬恋村に集中している。源頼朝が巻狩をした際、住民が川を干して魚を献上したことから、「干川」の名字を賜ったという。現在、嬬恋村では第三位の名字である。県順位は三九七位。

八月一日【ほずみ】

旧暦の八月一日に稲の穂を摘んで神様に供え、豊作を祈願したこと神事から、「八月一日」と書いて「ほずみ」と読む。各地に点々とあり、とくに群馬県東吾妻町に多い。なお、茨城県から東北南部にかけては「八月朔日」とも書き、つくば市付近では「ほぞみ」とも読む。

細野【ほその】

関東西部から新潟県にかけてと、岐阜県に多い名字。県順位二一二位。県内では前橋市と伊勢崎市に集中している。

草津温泉を発見して源頼朝から「湯本」の名字を授けられた御殿介の元の名字が「細野」だった。

細谷【ほそや】

新田郡細谷(太田市細谷)をルーツとする細谷氏がある。清和源氏で、新田政氏の子国氏が細谷氏を称したのが祖。現在は伊勢崎市と邑楽町に多い。県順位二二九位。

発知【ほっち】

戦国時代、利根郡発知村(沼田市)の国衆に発知氏があった。沼田氏の庶流で、沼田景盛の三男景宗が祖という。上杉氏に属した。現在も沼田市付近にある。

堀口【ほりぐち】

堀の入り口を示す地形由来の名字で、県内では西毛に集中している。県内には、新田郡堀口村(太田市堀口)をルーツとする清和源氏新田氏一族の堀口氏がある。代々新田氏に従い、南北朝時代は南朝に属した。末裔は帰農したものが多く、群馬県南部から埼玉県北部の堀口は、この末裔と伝える家が多いという。県内順位一〇四位。

本多【ほんだ】

県内に広く分布する名字だが、比較的北毛に多い。みなかみ町の旧新治村では第二位、中之条町の旧六合村では第九位の名字だった。県順位は一一八位。

ま

舞木【まいき】

戦国時代の邑楽郡の国衆に舞木氏があった。藤原北家秀郷流佐貫氏の庶流で、貞観年間(八五九~八七七)藤原長良が武蔵国羽生(埼玉県羽生市)の猪熊森高を討った際に春日社前で榊に祈り、帰陣の時にこの榊が空に舞上がって中島村(千代田町)に落ちたため、当地を舞木村と改め、舞木氏を称したと伝える。舞木城に拠ったといい、室町時代には古河公方の奉行人をつとめている。その後は上杉氏に属したが、永享十二年(一四四〇)永享の乱中に舞木駿河守持広が山内上杉家の家宰長尾忠政に謀殺されて没落した。現在県内には少なく、前橋市にある。

前田【まえだ】

七日市藩主の前田家は、加賀百万石の前田家の一族。前田利家の五男利孝が元和二年(一六一六)上野国甘楽郡で一万石を分知され、七日市藩を立藩したのが祖。明治十七年(一八八四)利昭の時に子爵となる。その長男利定は加藤内閣の逓信大臣、清浦内閣の農商務大臣をつとめている。

県順位二六七位。利根郡以外に広く分布している。

前原【まえばら】

前橋市から東毛にかけて集中

している名字で、とくに桐生市に多い。前橋市の旧宮城村では第三位の名字だった。県順位一四三位。

真下【ましも】

群馬県に多い名字で、前橋市付近から安中市にかけて集中している。前橋市の旧粕川村では第八位の名字だった他、現在でも昭和村では第九位となっている。

戦国時代、甘楽郡の国衆に真下氏があった。武蔵国児玉郡真下（埼玉県本庄市児玉町真下）がルーツで児玉党の一族。児玉弘行の子基直が真下氏を称したのが祖。『平家物語』巻七には、平家方に属した武将として真下四郎重直が登場する他、『吾妻鏡』には、建久元年（一一九〇）の源頼朝入洛の際に真下太郎、暦仁元年（一二三八）の将軍藤原頼経入洛の際に真下右衛門三郎が供奉していることがみえる。室町時代は幕府の奉行人をつとめている。

戦国時代は上野国多野郡に転じて足利長尾氏に従い、真下城（藤岡市譲原）に拠った。天文二十年（一五五一）北条氏によって落城、以後は帰農したという。

江戸時代は、碓氷郡原市村（安中市原市）で薬種商を営んでいた旧家の真下家がある。同家に伝わる「真下家文書」は武田信玄の軍師山本勘助に関する記述があることで知られる。県順位一三六位。

増田【ますだ】

新しく開墾して増えた田にちなむ名字。県内順位は一〇七位で、各地に広く分布している。板倉町では第三位の名字となっている他、みなかみ町にも多い。

邑楽郡伊奈良村（板倉町）には旧家の増田家がある。江戸時代は代々名主をつとめた。戦後衆議院議員をつとめた増田連也は末裔。兄の長吉も県議会副議長をつとめた。

松田【まつだ】

松の木で特徴づけられる田にちなむ名字。県内に広く分布しているが、とくに高崎市に多い。

前橋市総社の松田家は、藤原北家で相模国松田の出という。県順位一四九位。

松平【まつだいら】

前橋藩主の松平家は、寛永元年(一六二四)に結城秀康の五男直基が越前勝山で三万石を与えられたのが祖。以後、各地を転々として、寛延二年(一七四九)朝矩のときに上野前橋一五万石に入封。明和四年(一七六七)利根川の水害で前橋城が被災して武蔵川越に転じ、慶応三年(一八六七)再び前橋藩に戻っている。明治十七年(一八八四)基則の時に伯爵となる。

間仁田【まにた】

前橋市と埼玉県川越市に集中している名字。安中市に「間仁田」地名がありルーツとみられるが、同地は古くは「真仁田」「真荷田」と書かれた。なお、川越市には「真仁田」も多く、同族とみられる。

馬庭【まにわ】

多胡郡馬庭村(高崎市吉井町)をルーツとする名字で、戦国時代の国衆に馬庭氏があった。沼田氏の庶流で、馬庭城に拠った。永禄六年(一五六三)武田信玄勢に敗れて落城した。現在は少なく、前橋市や富岡市にある。

間々田【ままた】

太田市に多い名字。下野国都賀郡間々田郷(栃木県小山市)がルーツか。渋川市では「儘田」と書く。

馬見塚【まみづか】

那波郡馬見塚(伊勢崎市)をルーツとする名字。藤姓足利氏の庶流で那波氏の一族という。現在も伊勢崎市に集中している。

黛【まゆずみ】

群馬県を代表する名字の一つ。全国の三分の二近くが群馬県にある。西毛に集中しており、とくに安中市、富岡市、高崎市に多い。古代史学者の黛弘道は富岡市の生まれ。県順位一八九位。

み

三浦【みうら】

相模国三浦郡三浦（神奈川県横須賀市）をルーツとする名字。桓武平氏で、為継は源義家に従って、後三年の役で功をあげた。以後、代々清和源氏に属して嫡流は「三浦大介」と称し、一族は全国に広がった。県内では高崎市に多い。県順位二二三位。

水野【みずの】

安中藩主の水野家は、徳川家康の縁戚にあたる。水野忠政の娘の於大（伝通院）は松平広忠に嫁いで竹千代（徳川家康）を産んだが、兄の信元が織田信長と結んで今川氏・織田氏と対立したため離婚。忠政の八男忠分の嫡男分長は、慶長六年（一六〇一）徳川家康から尾張国知多郡で一万石を与えられ、同十一年三河国で一万石を加増されて新城藩を立藩した。正保二年（一六四五）元綱のとき上野安中二万石に転封。寛文七年（一六六七）元知が発狂して正室に斬りつけ改易となった。その後、元朝が二〇〇〇石を与えられて旗本として再興している。

県順位四〇二位。現在は県内に広く分布する。

峯岸【みねぎし】

「岸」とは大きく地形が変化する場所を指し、「峯岸」とは山の頂から落ち込む崖地を指すか。関東から宮城県にかけて分布しており、県内では北毛以外に広く分布し、とくに桐生市に集中している。県順位三四四位。

なお、「峰岸」とも書き、これは県順位四〇七位である。

宮沢【みやざわ】

地形由来の名字で、県内では北毛以外に広く分布している。とくに高崎市や玉村町に多い。中世、利根郡に宮沢氏がいた。県順位一九七位。

宮下【みやした】

神社の下に住んでいたことにちなむ地形由来の名字。群馬郡白井（渋川市白井）に旧家の宮下家がある。藤原姓といい、江戸時代は和泉屋と号した有力商人で、名主もつとめた。

現在は県内に広く分布しているが、とくに藤岡市や前橋市に多い、県順位一二九位。

宮田【みやた】

神社の所有する田という意味の地形由来の名字。県内では広く分布しているが、とくに沼田市、片品村、川場村に多い。

プロ野球の巨人で「八時半の男」と言われた宮田征典や、ハーモニカ奏者の宮田東峰は前橋市の生まれ。県順位一七一位。

宮部【みやべ】

高崎藩家老に宮部家がある。江戸時代中期の義正と、その妻万はともに歌人として知られる。明治維新後、襄は自由民権運動家として活躍、衆議院議員もつとめた。

現在、県内には少ない。

宮前【みやまえ】

神社の前に住んでいたことにちなむ方位由来の名字。県内では西毛に集中しており、とくに神流町に多い。同町の旧万場町では第三位の名字で、代々名主をつとめる米穀商と質屋の宮前家があった。

宮本【みやもと】

神社の下や近くに住んでいたことにちなむ方位由来の名字。県順位二九二位。太田市に多い。

む

武者【むしゃ】

群馬県・長野県・新潟県の三県に集中している名字で、県内では西毛に多い。安中市の松井田の旧家の武者家は信濃国佐久郡から移り住んだという。

武藤【むとう】

藤原氏の一族の名字。由来は、武者所となった藤原氏とも、武蔵国の藤原氏ともいわれる。

山田郡龍舞村（太田市）に旧家の武藤家があり、越前の朝倉義景の重臣の末裔と伝える。戦前の政治家武藤金吉と武藤七郎はともに太田市龍舞の生まれである。

この他、県内には武田氏家臣の末裔という武藤家も多い。現在は高崎市や太田市に多い。県順位一四八位。

村上【むらかみ】

本来は「村の上手」という方位由来の名字だが、信濃村上氏の末裔と伝える家が多い。県内では多野郡・甘楽郡以外に広く分布している。県順位一七二位。

村田【むらた】

地名由来の名字で、各地に地名がルーツ。県内では新田郡新田荘村田郷（太田市新田）をルーツとする清和源氏岩松氏一族の村田氏がある。県内では広く分布しているが、比較的東毛に多い。県順位一四七位。

も

森【もり】

地形由来の名字で、県内では北毛以外に広く分布している。比較的東毛に多い。県順位一二一位。

森下【もりした】

戦国時代の勢多郡の国衆に森下氏があった。森下三河守は森下城（昭和村）に拠り、真田昌幸に属した。現在は桐生市付近に多い。県順位二三三位。

森尻【もりじり】

群馬県と栃木県に多い名字。全国の半数以上が群馬県にあり、その大半が太田市に集中している。館林市や明和町にもある。

甲斐源氏の末裔と伝え、江戸時代は邑楽郡南大島村（明和町）の名主をつとめた。県順位四五九位。

諸田【もろた】

群馬県と静岡県に集中している名字。勢多郡滝沢村（渋川市赤城町滝沢）の旧家に諸田家があった。同村の草分六軒の一つで、戦国時代の白井城（渋川市）城主長尾氏の家臣永岡刑部左衛門の末裔という。現在も渋川市付近に集中している。県順位二七八位。

や

八木【やぎ】
北毛以外に広く分布している名字で、高崎市、藤岡市、玉村町に多い。
モスクワ五輪の幻の代表だった走り高跳びの八木たまみ選手は伊勢崎市の生まれ。一九〇センチという記録は身長を二六センチも上回り、身長との差は当時世界最高記録だった。県順位一五七位。

矢内【やない】
伊勢崎市に集中している名字。新田氏の一族という。江戸時代は農家の傍ら質屋もつとめ、伊勢崎藩の御用達でもあった。なお、県内では、ほぼ「やない」だが、東京では「やうち」とも読む。県順位三六三位。

柳沢【やなぎさわ】
長野県に多い名字で、県内では西毛に集中している。とくに安中市、富岡市、下仁田町に多い。県内順位一〇三位。

藪塚【やぶつか】
新田荘藪塚郷（太田市藪塚町）がルーツで、岩松時兼の子朝兼が藪塚六郎と名乗ったのが祖という。新里村新川の藪塚家は末裔と伝える。

山上【やまがみ】
戦国時代の勢多郡の国衆に山上氏があった。藤原姓足利氏の庶流で、足利家綱の子高綱が山上氏を称し、のち山上城（桐生市新里町山上）を築城して拠った。弘治元年（一五五五）頃、氏秀のときに北条氏康に敗れて落城した。現在も桐生市付近に集中している。

山越【やまこし】
藤原北家秀郷流佐野氏の一族で、下野国安蘇郡山越（栃木県佐野市田沼町）がルーツか。戦国時代には、桐生氏の重臣や真田氏の家臣に山越氏があった。現在は前橋市付近に多い。

山清水【やましみず】
桐生市黒保根町にある名字。越後国の出でもとは「清水」だったが、山の奥深く分け入って良質な湧水を見つけたことから、領主が「清水」に「山」を加えて「山清水」と名乗らせたという。

ゆ

湯浅【ゆあさ】

西毛に多い名字で、高崎市に集中している。榛東村にも多い。榛東村山子田の湯浅家は、戦国時代の国衆の末裔で、先祖は清和源氏桃井氏の一族という。

明治の第一回衆議院議員選挙に当選した湯浅治郎や、明治・大正時代の洋画家湯浅一郎はともに安中市の生まれ。県順位一八二位。

湯本【ゆもと】

吾妻郡草津（草津町）の旧家に湯本家があった。海野氏の一族で、建久年間、源頼朝が草津温泉に入った際、案内役をつとめた細野御殿介が「湯本」の名字を与えられ、湯本幸久と名乗ったのが祖という。戦国時代は長野原城に拠り、武田氏に属した。江戸時代は代々平兵衛を称し、名主をつとめた。

現在も吾妻郡を中心に西毛にかけて多い。とくに長野原町では第八位、草津町では第九位の名字となっている。県順位二八五位。

よ

横尾【よこお】

妙義町の旧家に横尾家がある。平忠度の末裔といい、南北朝時代に足利氏から信濃国小県郡横尾村（長野県）を与えられて横尾氏を称したと伝える。江戸時代は下高田村の名主をつとめた。県順位二八九位。高崎市と富岡市に多い。

横坂【よこさか】

群馬県独特の名字で、全国の六割以上が群馬県にある。県内では沼田市付近に集中しており、昭和村では第一〇位の名字となっている。県順位四一〇位。

横田【よこた】

北毛以外に広く分布している名字で、西毛に多い。とくに富岡市や藤岡市に集中している。県順位一六四位。

横地【よこち】

前橋城下に旧家の横地家があり、駿河国小笠郡の国衆横田氏の末裔と伝える。横地氏滅亡後酒井氏に仕え、その前橋入封に従って前橋城下に土着、三河屋と号した。代々七右衛門を称して町名主をつとめ、名字も許されていた。

横山【よこやま】

本来は方位由来の名字だが、武蔵七党横山党の末裔と伝える家が多い。県内では北毛以外に広く分布しており、とくに邑楽町や前橋市に多い。県順位一二七位。

吉川【よしかわ】

全国に広く分布している名字。恵みをもたらす川という意味で、川に佳字である「吉」を付与して「吉川」と呼んだものと、水辺に生えるアシを「ヨシ」と言い換えて「吉川」という漢字を当てたものの二つのルーツがある。県順位は三七六位で、北毛以外に広く分布している。

吉野【よしの】

前橋市付近から沼田市・利根郡にかけて多い名字。川場村で第三位の名字となっている他、沼田市にも多く、同市の旧利根村でも第五位だった。歌人吉野秀雄は高崎市の生まれである。県順位一四五位。

四方田【よもた】

関東地方西部の名字で、埼玉県秩父地方から、群馬県西毛にかけて広がっている。武蔵国児玉郡四方田村(埼玉県本庄市四方田)がルーツで、武蔵七党児玉党の四方田氏の末裔。県内では藤岡市に集中している。

ろ

六本木【ろっぽんぎ】

群馬県に多い名字。全国の六割弱が群馬県にあり、前橋市周辺に多い。とくに旧宮城村に集中している。県順位二八二位。

わ

若旅【わかたび】

太田市内ケ島に旧家の若旅家がある。下野国芳賀郡若旅村（栃木県真岡市）がルーツとみられ、家紋が二つ引両であることから清和源氏足利氏の一族か。

現在は、茨城・栃木・群馬・埼玉四県の県境付近に集中しており、県内では館林市、大泉町、邑楽町に多い。

脇屋【わきや】

新田郡脇屋（太田市）がルーツで、清和源氏新田氏の庶流で、新田朝氏の子義助が祖。南北朝時代は南朝に属し、興国元年（一三四〇）伊予国に下向。その死後は上野国に戻るが、のち足利尊氏に敗れて出羽国に走った。現在県内には少ない。

和田【わだ】

戦国時代、群馬郡の国衆に和田氏があった。相模和田氏の一族で和田義信の末裔と伝えるが詳細は不詳。群馬郡白川郷和田山（高崎市箕郷町）の土豪で、義信の時に和田城を築城した。室町時代に上州一揆として登場し、一貫して関東管領上杉氏に従っていた。戦国時代になると武田氏に属し、長篠合戦では業繁が討ち死に。天正十年（一五八二）に武田氏が滅亡すると滝川一益に仕えたが、同年本能寺の変後一益が北条氏直に大敗したため氏直に降り、西上野を支配した。同十八年の豊臣秀吉の小田原攻めで小田原城に籠城して敗れ、和田城も落城して、一族は紀伊国に逃れたという。

現在は北毛以外に広く分布している。県順位一二四位。

綿打【わたうち】

新田氏の庶流。新田荘綿打郷（太田市新田町）がルーツで、大館家氏の子為氏が綿打氏を称したのが祖という。

綿貫【わたぬき】

関東から信越地方にかけての

名字で、群馬県に最も多い。県内の綿貫は、群馬郡綿貫保（高崎市）がルーツ。南北朝時代は新田氏に従い、『太平記』には新田義貞に仕えた綿貫五郎左衛門の名が見える。室町時代は上杉氏に属し、一族は、江戸時代に米沢藩士となった。

現在は東毛以外に広く分布しており、とくに中之条町では第八位の名字となっている。県順位二一九位。

渡部【わたべ】

「渡部」には「わたなべ」と「わたべ」の二つの読み方があり、全国的には八割が「わたなべ」だが、県内では「わたべ」がやや多い。ルーツは「渡辺」と同じで、摂津国渡辺（大阪市）である。

割田【わりた】

群馬県に多い名字で、北毛に集中している。戦国時代の吾妻郡の国衆に割田氏があった。真田氏の一族で、真田氏に従った割田重勝の名が知られる。現在は中之条町と高山村に集中している。

【や】

【ら】

【わ】

【ま】

【な】

【は】

【た】

【さ】

【か】

さくいん

森岡　浩（もりおか・ひろし）
1961年高知県生まれ。姓氏研究家。早稲田大学政経学部卒業。学生時代から独学で名字の研究をはじめる。長い歴史をもち、不明なことも多い名字の世界を、歴史学や地名学、民俗学などさまざまな分野からの多角的なアプローチで追求し、文献だけにとらわれない実証的研究を続けている。
NHK「日本人のおなまえっ！」にレギュラー出演中。
主な著書に『全国名字大辞典』『日本名門・名家大辞典』（以上東京堂出版）、『名字でわかる　あなたのルーツ』（小学館）などの他、『兵庫県の名字』（神戸新聞総合出版センター）、『あなたの知らない関東方の名字の秘密』（洋泉社歴史新書）など、各地の名字の本も刊行している。

群馬県の名字

2018年1月22日　初版第1刷発行

著者　森岡　浩
発行　上毛新聞社事業局出版部
〒371-8666　前橋市古市町1-50-21
TEL 027-254-9966　Fax 027-254-9906
印刷　藤原印刷株式会社

ISBN978-4-86352-194-0